物流エンジニアリング入門

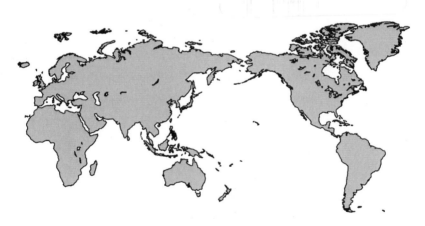

尾田　寛仁

三恵社

はじめに

　現在も将来も、60歳以下の男性で働く人は減少していく。女性やシニアが、もっと活躍できる仕事や職場にすることと、外国人労働者採用枠の拡大は、いずれも労働人口増加の選択肢にはなる。

　物流センターは、女性が働ける職場にしてきた。庫内作業の力仕事を軽作業化することや、車への積み込みと車からの積み降しを楽にする方法がある。最近では、子供連れで出社して働けるように、子供を預ける施設を職場に隣接させる会社がある。

　一方、労働集約型である物流センターを脱する為に、粛々と作業を自動化している物流センターがある。

　物流センターを開設してきた経験を基に、エンジニアリング要素を書き出してみると、多岐に亘る。且つ、専門家関係各位の協働があって始めて成り立つ。一人・一つ欠けても物流センターは動かない。物流エンジニアリングは、論理性と将来性の塊であり、チームワークの結実であると改めて思う。

　第1章は、物流エンジニアリングの概要を書いている。わかっている方は読み飛ばしても構わない。第2章は、物流エンジニアリングする為にケーススタディを取り上げた。小売業から物流のRFP(Request For Proposal)を受けて、在庫型物流センターを提案することを狙いにしている。第3章は、これさえわかれば物流エンジニアリングができるようになることを念頭にしている。ケーススタディを紐解く為に、入門になる知識と技術を事例や演習を交えて10節に分けて書いている。読まれる方ご自身の手で、自分の考えや体験を書き加えて、私の物流エンジニアリングにしていただきたい。

2019年11月10日

目次

第1章　物流エンジニアリング概要・・・・・・・・・・・007
　第1節　自ら取り組む・・・・・・・・・・・・・・・008
　　1．置かれた状況・・・・・・・・・・・・・・・・008
　　2．自社推進案・・・・・・・・・・・・・・・・・009
　　3．社外のパートナー・・・・・・・・・・・・・・010
　第2節　提案・見積の依頼書を書く・・・・・・・・・011
　　1．提案書のタイプ・・・・・・・・・・・・・・・011
　　2．当社が提示する提案書の前提・・・・・・・・・012
　　3．提案作成依頼・・・・・・・・・・・・・・・・016
　　4．見積書作成依頼要領・・・・・・・・・・・・・017
　第3節　提案を評価する・・・・・・・・・・・・・・019
　　1．プレゼンテーション・・・・・・・・・・・・・019
　　2．評価検討会・・・・・・・・・・・・・・・・・019
　第4節　スケジュール管理・・・・・・・・・・・・・022
　第5節　本稼働後の運営と保守・・・・・・・・・・・024
　第1章の参考文献・・・・・・・・・・・・・・・・・026

第2章　物流エンジニアリングのケーススタディ・・・・・027
　第1節　ケーススタディの目的・・・・・・・・・・・028
　第2節　RFP・・・・・・・・・・・・・・・・・・・029
　　1．RFPの目的・・・・・・・・・・・・・・・・・029
　　2．会社概況・・・・・・・・・・・・・・・・・・030
　　3．取扱商品・・・・・・・・・・・・・・・・・・031
　　4．店舗と店内作業・・・・・・・・・・・・・・・037

5．物流センター・・・・・・・・・・・・・・・045
　第3節　提案書及び見積書作成に当り・・・・・・・050

第3章　物流エンジニアリングの講義・・・・・・・053
　第1節　物流エンジニアリング・・・・・・・・・054
　　1．経営戦略と物流エンジニアリング・・・・・・054
　　2．物流エンジニアリングに基づく商談と提案・・・058
　　3．物流コスト、物流品質、安全第一・・・・・・059
　第2節　提案前のヒアリング・・・・・・・・・・075
　　1．顧客の目的・・・・・・・・・・・・・・・075
　　2．商品分析・・・・・・・・・・・・・・・・076
　　3．物量分析・・・・・・・・・・・・・・・・079
　　4．店舗分析・・・・・・・・・・・・・・・・084
　第3節　物流センターの機能と設備・・・・・・・086
　　1．入荷機能・・・・・・・・・・・・・・・・086
　　2．在庫機能・・・・・・・・・・・・・・・・088
　　3．出荷機能・・・・・・・・・・・・・・・・099
　　4．物流関連産業と物流設備機器・・・・・・・・113
　　5．物流設備機器の台数と距離・・・・・・・・・115
　第4節　店舗配送・・・・・・・・・・・・・・・120
　　1．配送コース作り・・・・・・・・・・・・・120
　　2．トラックの運賃料金体系・・・・・・・・・127
　　3．配送費の試算・・・・・・・・・・・・・・132

第5節　運営計画・・・・・・・・・・・・・・・140
　1．作業計画・・・・・・・・・・・・・・・140
　2．生産性・・・・・・・・・・・・・・・・145
　3．物流評価指標・・・・・・・・・・・・・160
第6節　情報システム・・・・・・・・・・・・・163
　1．物流情報システムの設計・開発・・・・・・163
　2．WMS(Warehouse Management System)・・・・164
　3．アプリケーションの開発・・・・・・・・・174
第7節　物流センターの規模とレイアウト・・・・・178
　1．物流センターの規模とBCP・・・・・・・・178
　2．レイアウト作成・・・・・・・・・・・・・179
　3．物量分析と倉庫や設備の面積・・・・・・・184
第8節　物流センターの建設・賃借・・・・・・・198
　1．物流センターの建設・・・・・・・・・・・198
　2．物流センターの賃借・・・・・・・・・・・204
第9節　物流エンジニアリング時の投資・・・・・・212
　1．投資とファイナンス・・・・・・・・・・・212
　2．EVA（経済付加価値法）・・・・・・・・・216
第10節　物流エンジニアリングのまとめ・・・・・・222
第3章の参考文献・・・・・・・・・・・・・・・224

第1章
物流エンジニアリング概要

第1節　自ら取り組む

1．置かれた状況

　日本では、急速に少子化と高齢化が進み、総人口の減少とともに、労働人口も減少している。総務省や厚生労働省の統計データを見ても、長期に亘り人口減少傾向である。

　業界を問わず各社とも働き手不足である。同様に、物流センターも庫内作業者や配送車（運転手）集めに苦労している。業界間の輸配送の共同化や、待機時間の解消が話題になり、進行している。物流センターで見ると、物流の設備化による省力化や自動化を考えるのが課題になっている。

　ドラッグストアを経営している当社(A社)は、事業の成長と継続を担保する為、物流センターの見直しを図り、物流設備の更新を検討することにした。物流センターを見直す物流エンジニアリングをすることになった。物流設備の更新の方法として、下記のいずれかを検討することにした。

・現行の物流センターに最低限のマテハン設備を導入する。
・現行の物流センターで設備の自動化を進める。
・自動化物流センターを新設する。

2．自社推進案

　エンジニアリングは、基本的にはデザインを意味しており、工学と訳す。エンジニアリングの目的は、「青写真」を創造することである。ニーズから青図を生み出すための考え方とそれを実現する手順を含む方法と、この方法を支援する知識と技法のセットが必要である（出所「基本ロジスティクス用語辞典［第3版］一部改訂）。

　筆者は、このテキストで、青写真を生み出すための考え方を「構想」、手順を含む方法を「構造」と「機能」に言い換える。

　まず、自社で物流をどうしたいのかを検討する。

　物流センターはサプライチェーン上、商品や原材料の「入」と「出」を管理する上で、欠くことのできない経営のインフラである。小売業である当社は、店舗を起点にして、調達先の管理までを視野に入れた物流センターの役割を再定義することにした。

　次に、物流センターに関する新設プロジェクトは、社内スタッフによる検討を進めることにした。この機会に物流部門に物流現場を研究させて、運営の視点から物流センターの全体像、並びに詳細な設備設計を検討させる。社内で物流を考え、設備化案を揉む。物流への関心と社内交流を高め、物流担当の成長を促すことにした。

　肝心なことは、社外の物流エンジニアリング会社等に依存するのではない。社内に物流がわかり、自社なりのコンセプトを作る人材を育成・確保することが不可欠であると考えている。

　その上で、社外パートナーの選定を並行して進めることにした。

3．社外のパートナー

社外のパートナー候補としては、物流コンサルタント、物流エンジニアリング会社、マテハン機器メーカー、3PL（サードパーティロジスティクス）を含む物流会社等がある。各々の特徴を振り返ってみよう。

①物流コンサルタントや物流エンジニアリング会社

物流コンサルタントや物流エンジニアリング会社は、コンセプトワークでは得難い成果を期待できる。成果はその会社によってもたらされるというより、多くの場合、担当者個人もしくはチームに依存する。費用としては総投資額の 1%～15%程度で、会社によってかなり幅がある。

②マテハン機器メーカー

具体的な設備は、マテハン機器メーカーに提案と見積りを求める。理由は次の通りである。
・自社で設備を製造している
・設備投資額が発注者に直接わかる（コンサルティングフィーが算入されない）
・導入するマテハン機器と WMS（倉庫管理システム）の関連がわかる
・保守ができる等

実際、メーカーの営業や SE（システムエンジニア）は、自社の設備には通暁している。但し、設備の設置が完了し、稼働を確認すれば彼らは引き上げてしまう。運営については頼れない。

設備の組み合わせは、自社で検討することにした。

③運営

運営は、3PL に委託することが考えられる。

第2節　提案・見積の依頼書を書く

1．提案書のタイプ

　提案は、大きく2種類に分かれる。
　一つ目は、コンセプトを競うコンペティション（以下コンペと略す）である。
　白紙の状態からコンセプトを提案させるのであれば、コンサルタント、エンジニアリング会社や3PLが有力候補になる。彼らに自社の事業概要から今後の経営展開、物流の実態まで正確に伝えようとすると、彼らのヒアリングだけでも時間がかかる。
　基本となるコンセプトは、社内のメンバーで詰める。その上で、提案時に具体的な課題についてコンサルタントやエンジニアのアドバイスがあれば受けることにした。
　二つ目は、具体的な設備と見積額を競うコンペである。
　当社の物流センターを、提案及び見積りしてもらうケースについて説明する。比較的大規模な物流センターを立ち上げとなると、マテハンメーカー、エンジニアリング会社、仕入先である卸売業や3PLなど、異なる業態の企業が横一線で応札することになる。
　彼らに提案を依頼するに当たって、当社は、提案依頼書の前提となる物流の現状を整理する。その項目は次頁以降の通りである。各項目について当社の例を簡潔に記した。いずれも「提案・見積書」を作成する上で不可欠な項目である。実績データや必要な資料がない場合には実態を調べる必要がある。

第1章　物流エンジニアリング概要

２．当社が提示する提案書の前提

①物流センターの構築の目的
・庫内作業や配送の省力化や自動化を進めて、生産性を上げる。
・店内作業の省力化を図る。
②物流センターで取り扱う商品
・取扱品目数：約3万SKU
・商品別の単品やケース毎の商品名、商品コード、荷姿、サイズ、容積、質量
③店舗仕入金額と物量
・取引先からの納品方式別年間仕入金額・仕入物量（表1-1）

＜表1-1＞取引先との納品方式別年間納品金額と物量（例）

取引先との納品方式	仕入金額（億円）	出荷総ピース数（万本）
店別通過型	81	2,253
総量納品型	213	7,487
在庫型	319	9,060
年間合計	613	1兆8,800

・年間の日別物量
　入荷・出荷・在庫別日別波動とピーク日が分かるデータ
・店舗別に納品する日別荷姿別物量
　ケース数、ピース数、オリコン数、カゴ車数等

④店舗（物流センターの納品先）
・担当店舗数455店
・店舗概況（開店年月、店舗所在地、店舗売上高、店舗面積、売場面

積、バックヤード面積、納品曜日等)
・出店計画は、年間十数店のペースで出店し、7年後に100店は増店する見込みである。

⑤店舗の業務プロセス

・店舗発注→荷受→検品→バックヤード保管→売場搬入→補充陳列→販売(レジ含む)→返品処理→店舗仕入計上である。

　別途、四半期毎に棚卸がある。

⑥店内の省力化状況

・店舗発注を人手から自動発注に切り替えた。
・店内で一番多く人手がかかっているのが補充陳列である。店内作業の人時数の5割前後を占めている。補充陳列の省力化のために、ある規模の店舗では部門別納品が必要である。

⑦店舗サービスレベル

・店舗発注・店舗納品サイクル：

　店舗発注をN日とする。

　チェーン本部経由で、物流センター及び取引先が受信する店舗発注データは、N+1日午前7時迄に配信する。

　店舗納品時刻は、N+1日の夜間配送（22時～翌朝5時）とN+2日の5時～13時迄とする。

　店舗別に納品時刻を設定している。

　但し、物流センターは日曜日を定休日としている。

・カテゴリー（部門）分類：

　店舗別・部門別納品とし、店舗毎にカテゴリー数を設定する（表1-2参照）。

<表1-2>部門区分（例）

部門区分	6カテゴリー分類	3カテゴリー分類
01	医薬品、医療品	医薬品、医療品、ドリンク剤
02	ドリンク剤	
03	化粧品、ヘアケア、オーラル	化粧品、ヘアケア、オーラル
04	生理用品、健康用品、入浴剤 ベビー用品、介護、シーズン品	生理用品、健康用品、入浴剤、ベビー用品、介護、シーズン品 日用品（洗剤）、日用品（洗剤他）、芳香剤、家庭用品
05	日用品（洗剤）、日用品（洗剤他）、芳香剤、家庭用品	
06	加工食品、日配、飲料、酒類、菓子	同左
店舗数	141店	314店

・荷受け・検品：
　店舗での荷受・検品は、単品検品を止め、納品する口数とカゴ車数を検品する。
　物流センターは、単品検品を止められるピッキング精度とする。

⑧物流センター内の作業フロー
・納品方式は、取引先によって在庫型、総量納品型、店別通過型に分かれる（図1-1）。
　それによって作業フローも、センターフィー（物流センター使用料）も異なる。同じ取引先で、商品毎にみると部門が違い、複数の部門に跨っていることがある。その場合、取引先にとって複数の納品方式になり、煩雑な作業になる。取引先と納品の詳細まで詰めておかないと、後日混乱を招く。
・店舗へは、商品をカゴ車（ロールボックスパレット）に積載してトラックで納品している。

<図1-1>物流センターの作業フロー

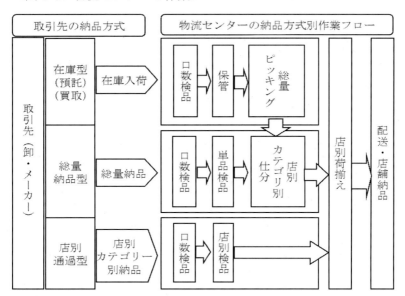

⑨物流センター内のレイアウト
・現行のモノや人の動きが概略わかるレイアウトを提示する。
・提案先が現行の物流センターを見学希望する時は応じる。
⑩備品・什器：配送器具（カゴ車、オリコン）の仕様及び台数提示
⑪情報システム
・本部と店舗間あるいは取引先とのシステムは、構築済みである。
・取引先との情報交換は、すべてEDIベースである。
・本部と物流センター間は、定期的かつ随時なバッチ処理である。例えば、日々の予定データと実績データの交換は、必要な都度行う。マスター（商品、店舗等）の交換も随時行う。
・物流センター内の情報システムは、作業や在庫更新を全てリアルタイムで処理している。

3．提案作成依頼

　何を提案してもらいたいのかの具体的な項目と、各項目の中身として必要な情報を明記する。

(1) 物流拠点
　開設予定の物流センターの住所と位置、土地と建物の面積、環境（人口、交通、災害等）

(2) 設備機器とレイアウト
・庫内設備の対象は、「①搬送」の他に次の通りである。
　② 　入荷時の車からの積み降し・検品(輸入品等のコンテナ含む)
　③ 　格納・保管
　④ 　ケースピッキング（補充含む）・仕分
　⑤ 　ピースピッキング・仕分
　⑥ 　店別荷揃えとカゴ車への積み付け
　⑦ 　トラックにカゴ車の積み込み
（通販の場合は、この他に、⑧自動封入・梱包が加わる。）
・自動化を検討するのであれば、対象とする工程を提示する。
・提案する物流機器とその性能
・設備能力
・提案する設備は、荷姿（ケース、ピース等）によって作業方法や搬送が変わる。設備毎の荷姿を提示する。
・設備化後の庫内レイアウト及び倉庫面積と敷地面積

(3) 品質保持の施策
・仕分け精度99.999％以上を達成するための技術的な根拠
・品質管理必須事項
　　（商品の期限管理、ロット管理、温度管理、薬剤師配属等）

・ミス発生時の連絡方法・対応方法
(4) 提案前提条件等
・契約条件：契約期間を7年間とする。
・提案する会社が、設備・システム・什器備品等を資産として所有するものとする。
・設備・システムの安全施策と保守方法
・稼働時期と移行までのスケジュール
・設備と運営開設チーム体制
・当社の瑕疵を除き、貴社が提示した金額やフィーは3年間維持する。

4．見積書作成依頼要領

　各社の見積金額を比較できるように、費用科目と表記方法を提示する。通常、見積書の記載事項は次の通りである。
　見積先の宛名、見積書の発行日、見積書番号／通番、
　提出する会社名・住所・電話番号、会社捺印、
　見積金額（税込）、
　商品・システム名、数量（当社提示）、単価、金額、
　商品・システムの各小計、消費税、合計金額（税込）、
　納品先や納期、
　見積書の有効期限。
　表1-3は、見積りの内容明細の例である。各々の詳細は別紙とする。

第1章　物流エンジニアリング概要

＜表 1-3＞見積明細（例）

科目	年間費用算出式（税別）	数量・金額	年間費用（百万円/年）
倉庫	賃借方式　月額@4000 円/坪×12 ヶ月×10,900 坪	10,900 坪	523
設備	減価償却費　設備投資額 2,100 百万円÷7 年		300
コンピュータ	〃　システム投資額 630 百万円÷7 年		90
什器・備品	〃　什器・備品投資額 561 百万円÷3 年		187
社員人件費	社員@7,000 千円/年×15 名		105
A. 固定費計			1,205
庫内作業費	ケース作業単価　@28.02 円/ケース×3,554 千ケース ピース作業単価　@ 2.45 円/ピース×9,548 万ピース TC 作業単価　@12.02 円/ロ×1,090 千ロ	99,596 千円 233,288 千円 13,116 千円	346
庫内管理費	電気・水道・税金等概算単価 @10 円/ロ×配送ロ数	7,824 千ロ	78
配送費	1 ロ当り配送単価 @64 円/ロ×配送ロ数	7,824 千ロ	501
B. 変動費計			925
合計	A+B		2,130

・物量(ケース数、ピース数、TC I ロ数、配送ロ数)は、当社の提示に従う（表 1-1）。

・設備とコンピュータの減価償却費は、7 年間で償却し、残存簿価はゼロとする。

・什器・備品の減価償却費は、3 年間で償却し、残存簿価はゼロとする。

・作業単価（時給@1200 円とする）から 1 人時当りの生産性を計算する。

　ケース作業生産性：@1200 円/人時÷@28.02 円/ケース＝43 ケース/人時

　（現行 20 ケース/人時）

　ピース作業生産性：@1200 円/人時÷@2.45 円/ピース＝490 ピース/人時

　（現行 300 ピース/人時）

　TC 作業生産性：@1200 円/人時÷@12.02 円/ロ＝100 ロ/人時（現行 48 ロ/人時）

第3節 提案を評価する

1.プレゼンテーション

　大規模なコンペになると、10社以上が応札することがある。その場合は、提案・見積書の書類審査で5社位に絞る。対象各社からプレゼンテーションを受ける。

　可能であれば、提案された設備を導入している現場を見学して、ユーザーの声を聞く。提案内容と稼働状況を比較する。

　技術の進歩は早く、新たな設備は次々に市場にリリースされる。しかし、100％満足できる設備が開発されるまで待つわけにはいかない。新設備は、安定稼働に関してリスクがある。開発済みの設備を前提にして、投資効果を測定して導入を検討することにする。

　なお、プレゼンテーションの技術は、拙著『商談技術入門』三恵社を参照いただきたい。

2.評価検討会

　担当役員以上が出席する評価検討会を開催する。その資料として応札各社の「提案書」等とは別に、下記の社内資料を用意する。

①設備化に伴う効果と生産性の比較

＜表1-4＞設備とシステムの投資額及び庫内要員減員数（例）

比較項目	当社（現行）	A社	B社	C社
提案設備投資額　（百万円）	770	2,800	2,100	1,400
提案システム投資費（〃）	420	700	630	560
庫内要員減員数	(在籍240人)	120人	88人	47人
設備化による生産性向上の指標	1とする	2.0倍	1.6倍	1.2倍

②損益計算書における比較表

<表1-5>予定損益計算書による比較表（例）　　　　（単位：百万円）

勘定科目		当社（現行）	A社	B社	C社
売上高		2,276	2,276	2,276	2,276
売上原価		1,125	852	925	1,019
	庫内作業費	546	273	346	440
	配送費	508	508	508	508
	その他	71	71	71	71
売上総利益		1,151	1,424	1,351	1,257
一般管理費		964	1,270	1,172	1,070
	家賃	523	523	523	523
	什器・備品費	187	187	187	187
	設備減価償却費	110	400	300	200
	システム減価償却費	60	100	90	80
	社員人件費	84	60	72	80
営業利益		187	154	179	187

③EVA（経済的付加価値）における比較表

<表1-6>EVA評価（例）　　　　（単位：百万円）

勘定科目		現行	A社提案	B社提案	C社提案
営業利益の増加		187	154	179	187
税金（実効税率42%）		79	65	75	79
税引き後営業利益		108	89	104	108
投下資本	設備	770	2,800	2,100	1,400
	システム	420	700	630	560
	投資額計	1,190	3,500	2,730	1,960
資本コスト（5%）の増加		60	175	137	98
初年度のEVA増加		48	-86	-33	10

　表1-6の「現行」は、既存物流センターで投資もせずに運用した場合の数字である。途中の計算及び累計は省略している。

　A社案は、5年目にEVAが黒字化する。累計では-103百万円であるので、7年間では投資を回収できない。

　B社案は、3年目よりEVAが黒字化する。累計では180百万円であ

るので、投資回収可能である。

　C社案は、1年目よりEVAが黒字化であるので、投資回収可能である。従って、27億円前後迄の投資は可能ということになる。

　なおかつ、7年の減価償却を終えた後は、同じ設備を使い続けることで、利益は上がる。

　向こう7年間のコスト効果だけで評価し、人手不足問題に手を付けないということであれば、現行の既存物流センターに最低限のマテハン設備を導入して投資を抑制することが考えられる。

　物流センターの新設を思い止まるのか、あるいは事業継続を重視して新物流センターを立ち上げるか、経営判断が問われるところである。

第4節　スケジュール管理

プロジェクトのスケジュール管理は、4期に分かれる（表1-7）。

(1) 企画設計

第1期「企画設計」で、提案依頼書を作成する。

(2) 倉庫、設備、システム等の発注先選定

第2期「倉庫、設備、システム等の発注先選定」で、コンペを開催して発注先を選ぶ。

(3) 実施設計

第3期「実施計画」には、プロジェクトマネジメントが必要である。プロジェクトリーダーが中心になって、専門分野別のチームをマネジメントする。専門分野別チームはそれぞれ発注先と実行内容を確認し、基本計画（発注実施仕様書）にまとめる。

設備やシステム開発には納期がある。発注から納品まで6ヵ月以上かかる設備や什器も珍しくない。新規に開発する工程はさらに長い時間がかかる。

人の教育訓練には、人件費と時間がかかる。

稼働予定日から逆算してパート法に基づいてスケジュール化する。各工程別にKPI(Key Performance Indicator)を設定する。

(4) 施工・稼働

第4期「施工・稼働」段階では、定期的に進捗報告会を実施する。プロジェクトリーダーの情報量は格段に増える。基本計画と照らして、不測の事態が起きたり、計画と差異が発生したりする場合は、その対策を常にチームと検討する。

スケジュール上、時間的なゆとりがなくなることがある。

とりわけ稼働日は、既存物流センターとの関係等、社内外のしがら

みが多い中で決められている。スケジュールに許容日数が設けていても、稼働が危ぶまれる場合には、早めに稼働開始日を協議して延期することである。

<表1-7>契約から実施までのスケジュール

第1期	第2期	第3期	第4期
1. 企画設計	2. 倉庫、設備、システム等の発注先選定	3. 実施設計	4. スケジュール進捗管理、設備・システム等の発注・納期管理、設備・システム等の施行管理
①目的 ②商品分析 ③物量分析 ④店舗分析 ⑤物流センター機能と設備 ⑥店舗配送 ⑦運営計画 ⑧情報システム開発計画 ⑨物流センターの規模とレイアウト ⑩物流センターの建設と賃借 ⑪投資と企画仕様書作成	①建物建設か賃借か事前協議・決定 ②設備・システム発注先検討・決定、契約締結	①庫内運営計画 ②配送計画 ③設備・システム仕様決定、発注仕様書発行 ④施工計画 ⑤テスト計画 ⑥教育訓練計画 ⑦保守計画	5. 設計・運営事前評価(テスト含) 6. 教育・訓練 7. 運営引渡、稼働・運営実施 8. 運営会議実施、事後評価

第5節　本稼働後の運営と保守

(1) 物流センター立ち上り

　事前に作業員を十分に訓練していても、稼働当初の生産性は、目標とする標準生産性の 70％位であろう。その後、設備の操作や作業に習熟すると、生産性が上がっていく。
　稼働1ヵ月から3ヵ月で目標の生産性を達成できれば良い。
　自動化設備は、当然ながら設備のスペック以上の能力は出せない。
　日別の物量がピークを迎えた時の対応や、将来の物量増加への対応策を事前に検討しておくことである。

(2) 保守費用

　設備の保守費用は委託先を判定する時点で評価項目に加えておき、事前に予算に組み込んでおく。
　物流コスト削減策として設備メーカーとの契約を変更して保守料金を引き下げたり、定期点検を止めてしまったりすることが散見される。その為にトラブル発生時の回復に時間がかかることにつながる。
　結局、現場の首を絞めることになるので、避けることである。

(3) 保守の要点

　保守契約を結んでいる設備メーカーの定期点検は、設備が動かない休日に行うことが多い為、異常に気付かないことがある。保守で大事なことは、ユーザーが稼働中の現場で設備の状況を観察することである。搬送しているモノの蛇行・停止、異音の発生、振動が多い、加熱等があれば、発生箇所を記録し、写真もしくは録音等をしてメーカーに連絡することである。

コンベア設備等に適切な油を定期的に注すことや、コンベアの傷んだОリングの交換であれば、メーカーの指導を受けて、ユーザーが自分でやることができる。

保守コストを低減できるだけではない。社内のスタッフを選抜してオペレーションエンジニアとして育成することで、トラブル発生時に現場で迅速に対応ができるようになる。

(4)保守の今後

保守は、今後、物流設備に各種のセンサー（IOT）が装着される。メーカーが設備の稼働状況を把握して、診断する。トラブル発生の兆候をつかむことができる。障害を予測することができるようになる。

メーカーの考え方として、設備と保守に区分して考えるのではなく、設備と保守は一体であるという考えに向かうのではないだろうか。設備は、一時的なトラブルだけではなく、徐々に経年劣化を起こす。適宜、部品交換等をして、予防することになるだろう。

ユーザーは、設備という資産の「所有」から「利活用」へと変わるとどうなるであろう。ユーザーは、既に設備をリースやレンタルにして、保守は別途メーカーとしている。将来、リースの契約先が全面的にメーカーに変わることが考えられる。ユーザーがマテハン設備の購入から利活用になるようであれば、マテハンメーカーのビジネスモデルも変わっていくだろう。

それに伴い物流担当者や庫内作業者に求められるスキルや資質もまた変わっていくことになる。

第1章　物流エンジニアリング概要

第1章の参考文献

1. 『製配販サプライチェーンにおける物流革新』尾田著、三恵社、2016年8月第4版
2. 『物流エンジニアリングの温故知新』尾田著、三恵社、2015年12月
3. 『仮想共配プロジェクト』尾田著、三恵社、2017年6月
4. 『物流自動化設備入門』尾田著、三恵社、2017年12月
5. 『LOGI-BIZ 2019/4』「自動化物流センターを立ち上げる」尾田

第2章
物流エンジニアリングの
ケーススタディ

第2章 物流エンジニアリングのケーススタディ

第1節　ケーススタディの目的

　ケーススタディの意味は、与えられた資料を読み解くことで、自分自身あるいはチームで、課題とその解決方法をエンジニアリングしてみることにある。

　第2章では、ドラッグストア B 社の物流に関する RFP(Request For Proposal)をケーススタディ（事例）にしている。RFP から読み取れる課題をどのように実現したらよいのかについて、提案及び見積をエンジニアリングしてみることにしている。物流センターを作る為に、広範な知識と技術がいることが理解されるであろう。

　物流をエンジニアリングするには、データなくしてはあり得ない。物流ははるか前からデジタル化されている。それを運営している側も自覚していないのかもしれない。RFP のデータを駆使してみよう。物流とどのように取り組んでいくかがわかるだろう。

　そして、チームを組む理由がわかるであろう。広範な知識と技術がいるからこそ、分野毎の専門家がいる。様々な専門的な知識や実務経験を担っているメンバーがいる。

　リーダーは、チームを糾合する目的を明確にすることである。物流センターを作る時、リーダーとメンバーの関係はどうあればよいだろうか。

　物流センターに関して、エンジニアリングしていく過程で思わぬ発見や、メンバーやリーダーから自分では気づかないことを教えられることがあるだろう。人間的なことや組織に係ることをひとまず置いておく。

　今回は、データを使いこなして、顧客に物流センターの提案をする。

第2節　RFP

1．RFPの目的

　物流センターの構築を行うに当り、物流センターに関連する事項を、RFP（Request For Proposal）として作成している。
　当社（ドラッグストアB社）の全社目標は「カウンセリング強化型ドラッグストアの展開を図り、来店客の立場で売場を作る」ことである。
　これを実現する為に、物流部門の目標は、四つある。

＜物流部門の目標＞
①店内作業がローコストオペレーションになる物流と情報システムの構築を図る。
②高品質・高生産性になる物流センターにする。
③サプライチェーンの効率化の為に、在庫型物流センターを指向する。
④今後発生するかもしれないリスクに備えて、BCP[1]対策を検討して、リスク対応型物流センターにする。

注1.BCP：Business Continuity Plan　事業継続計画

第2章　物流エンジニアリングのケーススタディ

２．会社概況

(1) 売上高

<表 2-1>

勘定科目	金額（年間）	構成比
売　上　高	100,788 百万円	100%
売　上　原　価	79,123 百万円	79%
売　上　総　利　益	21,665 百万円	21%
社員人数	1,100 人	－

(2) 組織図

<図 2-1>

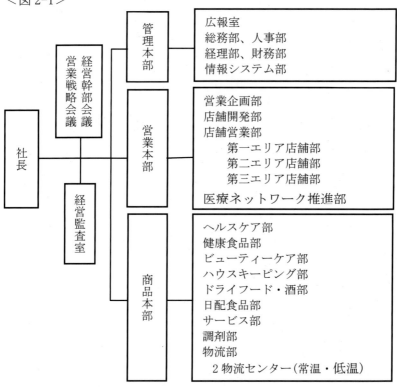

3．取扱商品

(1)取扱商品の概要
①取扱商品の品目数：40,000SKU、部門数：11（表2-2）
②商品仕様で明らかにしていること
　　商品名、
　　商品コード（単品JAN，中箱JAN，ケースITF）、
　　単品、中箱とケース毎のサイズ、容積と重さ、
　　荷姿（梱包された商品の外見・形状）、
　　中箱入数、ケース入数、パレット積み付け数（面数×段数）
　　商品の管理温度、
　　法的規制（使用期限、消費期限、賞味期限）等
③店舗を見学すれば、商品の単品イメージは掴める。
④商品を数える単位としては、店舗で販売していることからピース（単品の個数単位）が基本である。取扱単位の例外としては3個で1単位扱いや、2ケースのバンドルで1口扱い等がある。
（参考図書『数え方の辞典』飯田朝子著、2004年5月10日、小学館）
⑤現行の取扱商品に関しては、物流センターに納品しているメーカーや卸売業に「取扱説明書」を提供している。例えば、取扱注意事項（割れやすい、天地あり等）等である。当資料が必要であれば提供する。
⑥物流センター設計上、商品について気になる点があれば、当社担当に確認いただきたい。
⑦契約した後、物流センターのエンジニアリング委託先会社、取引先と当社の三者間で商品マスターの突合せを行う。

⑧取扱商品の11部門

＜表2-2＞取扱商品の11部門と分野

部門	分野	部門	分野	部門	分野
1.医薬品	ドリンク剤		痔の薬	5.ベビー	ベビーミルク
	ビタミン剤		漢方薬		ベビー食品
	総合感冒		局方品		ウェィトナップ
	鼻炎薬		診断薬		紙おむつ
	せき・のどの薬	2.調剤	調剤		ベビー用品
	解熱鎮痛剤	3.医療用品	救急用品		その他ベビー
	胃腸薬		医療器具	6.ビューティ	ヘアケア
	下痢・整腸・便秘薬		介護用品		ボディケア
	皮膚病薬		産制用品		メイクアップ
	傷薬化膿止		コンタクトケア		フェイス・スキンケア
	水虫薬		その他医療用品		男性化粧品
	医薬スキンC	4.健康食品	健食ビタミン		フットケア
	医薬発毛剤		ダイエット		化粧用品
	外用消炎鎮痛		健康茶		入浴剤
	歯科口腔用薬		機能性食品		その他ビューティケア
	精神神経用剤		その他健康食品		
	目薬				

部門	分野	部門	分野	部門	分野
7.雑貨	生理用品		園芸		卵
	オーラルケア		たばこ		牛乳
	衣料洗剤		その他雑貨		冷蔵デザート
	食器洗剤	8.ドライフード	調味料		チルド
	住居洗剤		インスタント麺		和日配
	芳香・消臭・防虫・除湿		飲料		その他日配
	線香・ローソク		コーヒー・茶	10.酒	日本酒
	殺虫剤		シリアル・スープ		焼酎
	カイロ・保温用品		デザート		みりん
	紙類		菓子		ビール
	キッチン消耗用品		缶詰		ワイン
	用品その他		レトルト		洋酒
	身の回り品		その他ドライ		リキュール
	電気	9.日配食品	日配米		発泡酒
	フィルム・アルバム		パン		その他酒
	文具		アイス	11.サービス	サービス
	ペット		冷凍食品		サービス予備

(2) 部門別年間売上高・仕入額・粗利額

<表 2-3>

部門別	売上高 (百万円)	売上 構成比	仕入額 (百万円)	仕入 構成比	粗利額 (百万円)	粗利率
1.医薬品	6,652	6.6%	4,095	5.2%	2,557	38.4%
2.調剤	14,211	14.1%	9,877	12.5%	4,334	30.5%
3.医療用品	2,217	2.2%	1,372	1.7%	845	38.1%
4.健康食品	2,117	2.1%	1,337	1.7%	780	36.9%
5.ベビー	1,613	1.6%	1,450	1.8%	163	10.1%
6.ビューティ	13,707	13.6%	9,893	12.5%	3,814	27.8%
7.雑貨	17,638	17.5%	14,366	18.2%	3,272	18.6%
8.ドライフード	17,537	17.4%	14,525	18.4%	3,012	17.2%
9.日配食品	18,747	18.6%	16,337	20.6%	2,410	12.8%
10.酒	6,047	6.0%	5,614	7.1%	433	7.2%
11.サービス	302	0.3%	257	0.3%	45	14.9%
合計	100,788	100.0%	79,123	100.0%	21,665	21.5%

注.物流で取り扱う金額は、上記の表で言えば、仕入額である。店舗を起点にすると、納品金額といい、仕入額と同じ意味で使っている。

(3) 部門別仕入額のうち物流センターの対象部門

<表 2-4>

部門別	仕入額 （百万円）	物流センター 対象（百万円）
1. 医薬品	4,095	4,095
2. 調剤	9,877	0
3. 医療用品	1,372	1,372
4. 健康食品	1,337	1,337
5. ベビー	1,450	1,450
6. ビューティ	9,893	9,893
7. 雑貨	14,366	14,366
8. ドライフード	14,525	14,273
9. 日配食品	16,337	0
10. 酒	5,614	5,614
11. サービス	257	0
合計	79,123	52,400

　物流センター（常温）の対象になっていない部門は、調剤、日配食品とサービスである。一部対象となっていないのがドライフードである。

　調剤や、温度管理を伴う日配食品を取り扱う物流提案は不可とする。

第2節　RFP

(4) 部門別年間仕入額・仕入数量・仕入単価

<表2-5>　　　　　　　　　　　　　　　　　　　　（個＝ピース）

部門別	仕入額 （百万円）	仕入額 構成比	仕入数量 （千個）	仕入数量 構成比	仕入単価 （円）
1.医薬品	4,095	5.2%	7,473	2.1%	548
2.調剤	9,877	12.5%	1,097	0.3%	(9,004)
3.医療用品	1,372	1.7%	3,528	1.0%	389
4.健康食品	1,337	1.7%	5,221	1.5%	256
5.ベビー	1,450	1.8%	2,757	0.8%	326
6.ビューティ	9,893	12.5%	22,084	6.2%	433
7.雑貨	14,366	18.2%	62,461	17.2%	230
8.ドライフード	14,525	18.4%	110,880	30.9%	131
9.日配食品	16,337	20.6%	133,906	37.4%	(122)
10.酒	5,614	7.1%	8,244	2.3%	681
11.サービス	257	0.3%	784	0.2%	(328)
合計	79,123	100.0%	358,435	100.0%	221

注．仕入単価欄の()は、当該物流センターの対象外である。

　仕入単価は、部門別（カテゴリー別）にセンターフィーを検討する時の目安になる。

　センターフィーは、部門別料率案を提案する。又は、部門別物流単価案でも良い。

(5)在庫日数

「在庫保有日数」は、平均仕入量に対する値であり、在庫保管量の目途としている。

計算式:在庫保有日数=在庫保有高÷1日当りの仕入量

在庫保有日数を短縮することが、課題になっている。

<表2-6>在庫保有日数

発注・納品区分	部門				在庫保有日数
ヘルシー	1.医薬品	3.医療用品	4.健康食品	5.ベビー	50日
ビューティ	6.ビューティ				50日
雑貨	7.雑貨				25日
ドライフード	8.ドライフード	10.酒			10日

4．店舗と店内作業

(1)店舗概況
・店舗数：90店
・店舗別売上高は、表2-10を参照する。
・出店見込み：直営店方式、エリアドミナント型出店とする。
　　　　　　　年間約5店舗（調剤併設）予定する（表2-11）。
・店舗作業は、店内作業プロセスを参照する。

(2)店舗発注・納品サイクル
　店舗発注をN日とする。
　チェーン本部経由で、物流センターと取引先が受信する店舗発注データは、N+1日午前7時迄に配信する。
　店舗納品時刻は、N+1日22時からN+2日12時迄とする。
　夜間配送は、ドライバー不足等を考慮すると、再考の余地はある。従って、発注・納品サイクルの見直し及び配送費の見直しがいる。

＜表2-7＞現行の店舗発注・納品サイクル

曜日	月	火	水	木	金	土	月
店舗発注	ヘルシー、ビューティ	雑貨	ドライフード	ヘルシー、ビューティ	雑貨	ドライフード	
物流センター、取引先	ドライフード	ヘルシー、ビューティ	雑貨	ドライフード	ヘルシー、ビューティ	雑貨	
店舗着日	（雑貨）	ドライフード	ヘルシー、ビューティ	雑貨	ドライフード	ヘルシー、ビューティ	雑貨

(3) 店内作業

店内作業プロセス

日次処理	期次処理
発注 荷受 検品 バックヤード保管 売り場搬入 補充陳列 販売（レジ含む） 返品 仕入計上 事務処理等	
	棚卸

<表2-8>店内作業時間構成

作業	作業項目	ドラッグストア作業時間構成
顧客作業	レジ・カウンター	29%
	接客	17%
商品作業	入荷・在庫管理	9%
	品出し・陳列・店内物流	24%
	棚変更・棚商品管理	5%
	発注	1%
	開店・閉店	1%
事務所作業	事務・報告・本部連絡	9%
	会議・打合せ	5%
合計		100%

出所「販売革新」08年3月号を参考

店内作業の効率化の目の付け所として、表 2-8 を活用する。店内作業の効率化は、情報システムと物流センターの見直しによる。

店内作業効率化の要件は、次の点である。

①物流センター及び店舗入荷時点での消費期限管理ルール（賞味期限、使用期限含む）に基づく品質保証を行う。

例えば、物流センターに入荷した時点の期限管理は、目視を中心に検品している。

②定番発注業務の自動化

店舗発注は、システム化し自動発注にしている。

③ピッキング精度保証による店舗納品効率化

店舗荷受時点での単品検品を止める方向で検討する。その為には、物流センターでのピッキング精度が課題である。但し、荷渡し・荷受時点での口数検品は、受け渡し口数確認の為に行う。

④店舗規模別の部門別納品による補充・陳列作業の効率化

店舗納品は、現在、発注・納品区分が 4 区分（ヘルシー、ビューティ、雑貨、ドライ）されており、店舗規模に関係なく一律である。店舗規模別にみると、補充作業の効率上、4 区分を細分化した方が良い店舗と、4 区分をまとめた方が良い店舗に分かれる。

効果測定は、店内作業生産性向上と要員削減人数を考えている。

⑤店舗よりの返品作業の簡素化

当社は、季節毎に棚替えをしている。その度に、売上に基づき定番商品の入れ替えをしている。その一部を取引先に返品している。返品量は、仕入金額又は仕入量の 2%に相当する。

返品作業の簡素化をどのようにするかが課題である。

⑥レジ業務

レジの自動化や無人店舗化は別途検討事項である。

(4) 発注区分と部門

発注・納品区分は、四つにまとめているが、部門は11ある。今後、店舗規模に応じて発注・納品区分の数を見直し、店内作業の人員数や生産性を見直しする。

従って、発注・納品区分を4区分から店規模に応じて統合したり細分化したりして、提案することは可能である。

＜表2-9＞発注・納品区分と11部門との関係

発注・納品区分	部門				
ヘルシー	1.医薬品	3.医療用品	4.健康食品	5.ベビー	(2.調剤)
ビューティ	6.ビューティ				
雑貨	7.雑貨				
ドライフード	8.ドライフード	10.酒	(9.日配食品)	(11.サービス)	

注1. 表中のカッコ内の部門（調剤、日配食品、サービス）は、現在、物流センター（常温タイプ）の取り扱い対象外としている。

(5) 店舗納品方式

ケースは、ケースのまま「カゴ車」に積み付ける。

ピースは、オリコン（容積40ℓ）に入れて「カゴ車」に積み付ける。

店舗納品はカゴ車で行う。

(6) 店舗の売上データ

①店舗売上高＜表 2-10＞

店舗NO	年商(百万円)	店舗NO	年商(百万円)	店舗NO	年商(百万円)	店舗NO	年商(百万円)
1	92	13	336	25	123	37	1,700
2	808	14	372	26	2,516	38	169
3	133	15	1,157	27	248	39	2,606
4	234	16	383	28	7	40	611
5	1,863	17	853	29	1,044	41	1,439
6	594	18	90	30	1,798	42	239
7	210	19	1,024	31	704	43	1,807
8	1,610	20	2,285	32	630	44	623
9	418	21	685	33	1,331	45	1,400
10	1,854	22	692	34	1,034	46	1,297
11	1,742	23	340	35	1,303	47	1,177
12	278	24	692	36	734	48	1,286

店舗NO	年商(百万円)	店舗NO	年商(百万円)	店舗NO	年商(百万円)	店舗NO	年商(百万円)
49	125	61	1,157	73	2,400	85	1,700
50	1,659	62	1,807	74	2,516	86	2,285
51	1,923	63	1,297	75	248	87	2,606
52	1,277	64	1,177	76	1,024	88	611
53	1,379	65	853	77	1,044	89	1,439
54	998	66	1,286	78	1,798	90	623
55	635	67	1,024	79	1,854		
56	2,042	68	2,285	80	1,742		
57	11	69	2,400	81	1,331		
58	1,000	70	1,297	82	1,516		
59	1,201	71	1,177	83	1,303	計	100,788
60	1,083	72	1,286	84	1,798	平均	1,120

②店舗の売上計画＜表 2-11＞

年度	店舗数	店舗数累計	年商 （十億円）	年商累計(複利) （十億円）
現在	90	90	101	101 （101）
1年後	5 出店予定	95	6	109 （103+ 6）
2年後	5 〃	100	6	117 （105+12）
3年後	5 〃	105	6	125 （107+18）
4年後	5 〃	110	6	133 （109+24）
5年後	5 〃	115	6	142 （112+30）
6年後	5 〃	120	6	151 （114+37）
7年後	5 〃	125	6	160 （116+44）
8年後	5 〃	130	6	169 （118+51）

注．店舗の売上は、前年比 2%で伸長すると仮定する。

③納品金額月別波動＜表 2-12＞

月	納品金額 （百万円）	対平均値 指数	備考
2月	5,692	87.8	最小値
3月	5,875	90.6	
4月	6,437	99.3	
5月	6,186	95.4	
6月	6,772	104.4	
7月	7,287	112.4	最大値
8月	6,410	98.8	
9月	6,369	98.2	
10月	6,207	95.7	
11月	6,966	107.4	
12月	6,855	105.7	
1月	6,764	104.3	
合計	77,820	-	
平均	6,485	100.0	

注．物流センター未通過分 1,303 百万円含まず。

④店舗発注数から見た曜日波動＜表 2-13＞

	曜日	月	火	水	木	金	土	計	平均値
ピース数	ヘルシー	679	84,819	3,824	1,050	77,890	3,356	171,218	28,536
	ビューティ	269	68,284	3,453	328	65,425	2,740	140,479	23,413
	雑貨	3,246	6,098	129,528	3,888	5,982	120,735	269,288	44,881
	ドライ	120,862	4,357	4,464	145,886	1,909	12,762	290,340	48,390
	計	125,056	163,338	141,070	151,052	151,216	139,593	871,325	145,221
	対平均値	86.1%	112.5%	97.1%	104.0%	104.1%	96.1%		100.0
ケース数（ピース換算値）	ヘルシー	600	32,142	1,450	505	34,827	1,305	70,829	11,822
	ビューティ	372	14,618	3,184	39	18,628	332	37,173	6,196
	雑貨	2,876	4,912	101,825	3,572	5,424	83,000	201,409	33,568
	ドライ	338,658	47,970	39,853	367,257	30,241	130,907	955,086	159,181
	計	342,506	99,642	146,312	371,373	89,220	215,544	1,264,597	210,766
	ケース数1	22,834	6,643	9,754	24,758	5,948	14,370	84,307	14,051
	対平均値	162.5%	47.3%	69.4%	176.2%	42.3%	102.3%		100.0

注1. ケース数は、ケース入数を 15 ピース/ケースとする換算値である。

注2. ピースとケースでは、曜日波動は異なっている。主に考えられることは、ピースは定番発注分が主であり、ケースは販促企画品の発注が多いからだと推量されている。

⑤出荷ピーク7月と出荷ボトム2月の日別物量

<表2-14>

月	日	曜日	7月日別物量 ピース	7月日別物量 ケース	月	日	曜日	2月日別物量 ピース	2月日別物量 ケース
7月	1	日			2月	1	日		
	2	月	150,227	27,441		2	月	91,271	16,727
	3	火	195,864	21,190		3	火	119,483	4,840
	4	水	169,231	11,672		4	水	103,140	7,154
	5	木	180,872	29,674		5	木	110,699	18,122
	6	金	181,884	7,156		6	金	110,907	4,332
	7	土	167,690	17,240		7	土	101,880	10,505
	8	日				8	日		
	9	月	150,227	27,441		9	月	91,271	16,727
	10	火	195,864	21,190		10	火	119,483	4,840
	11	水	178,138	12,287		11	水	108,568	7,530
	12	木	190,392	31,236		12	木	116,525	19,076
	13	金	191,457	7,533		13	金	116,744	4,560
	14	土	176,515	18,147		14	土	107,242	11,058
	15	日				15	日		
	16	月	158,133	28,885		16	月	96,074	17,607
	17	火	206,173	22,306		17	火	125,772	5,094
	18	水	178,138	12,287		18	水	108,568	7,530
	19	木	190,392	31,236		19	木	116,525	19,076
	20	金	191,457	7,533		20	金	116,744	4,560
	21	土	185,341	19,054		21	土	112,604	11,611
	22	日				22	日		
	23	月	166,040	30,330		23	月	100,878	18,487
	24	火	216,481	23,421		24	火	132,061	5,349
	25	水	187,045	12,901		25	水	113,997	7,907
	26	木	199,911	32,797		26	木	122,351	20,030
	27	金	201,030	7,910		27	金	122,581	4,788
	28	土	185,341	19,054		28	土	112,604	11,611
	29	日							
	30	月	166,040	30,330					
	31	火	216,481	23,421					
	計		4,776,366	533,672		計		2,677,972	259,122
	平均		183,706	20,526		平均		111,582	10,797
	最大値		216,481	32,797		最大値		132,061	20,030
	最小値		150,227	7,156		最小値		91,271	4,840
	標準偏差		17,718	8,511		標準偏差		10,376	5,843

5．物流センター

(1) 物流センターが対象とする仕入額

物流センターから店舗への物流は、常温物流と低温物流・定温物流の2区分である。

提案対象の物流センターは、常温物流を対象とする。

商品特性や取引先により、物流センター若しくは店舗への納入方式には、直納、店舗通過型（TCⅠ型）、総量納品型（TCⅡ型）と在庫型がある。サプライチェーンをどのようにしていくかで、採用する納品方式は変わる。

物流センターが対象としている仕入額及び納品方式別仕入額は、下表の通りである。

＜表2-15＞仕入額の内訳

項目		年間
仕入額		791億円
物流センター対象仕入額		524億円
納品方式別仕入額	在庫型	233億円
	店別通過型(TCⅠ型)	154億円
	総量納品型(TCⅡ型)	137億円
対象外仕入額		267億円
	低温物流センター	176億円
	店舗直納（調剤含む）	91億円

注1．仕入額は、物流センターが店舗に納入する金額と同じ意味である。
注2．納品方式別仕入額の主要な取引先別仕入額は表2-17に記載している。

第2章 物流エンジニアリングのケーススタディ

(2) メーカーから店舗迄のサプライチェーン

　取引先毎の納品方式は、下図の現行に基づく。将来案に記しているように、在庫型に移行する計画である。

　現状、卸売業による品揃えの方が、当社の調達費は安くつく。メーカーにとっても、卸売業に納品する方が輸送費は安くつき、店舗単位の口座管理をしなくてよい。

　しかし、当社が、会社として独自色を明確にしていくには、品揃えを充実させる必要がある。商品本部に商品の目利きができるバイヤーの増員と商品開発等の機能強化が必要であると考えている。

参考図書『卸売業の経営戦略展開』拙著、2018年6月、三恵社

＜図2-2＞現行の店舗へのサプライチェーン

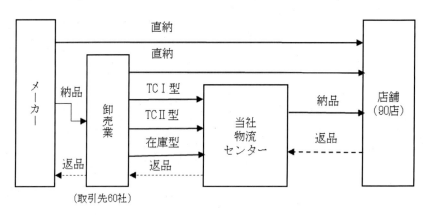

＜将来案＞

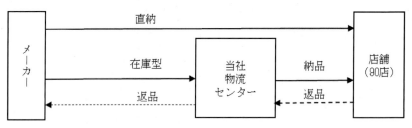

(3) 物流センターへの納品方式と機能要件

　取引先からの調達方法と店舗への納品に基づき、物流センターは機能している。物流センターンの納品方式別の機能要件を比較すると、下表のようになる。

＜表 2-16＞物流センターの機能要件と納品方式

物流センターの機能要件	物流センターへの納品方式		
	在庫型	店別通過型	総量納品型
①在庫管理	自動補充システム可 消費期限管理可	なし	なし
②店舗発注・納品リードタイム	短縮可	短縮困難	短縮困難
③物流センターでの単品検品	可	可	可
④店別部門別仕分	可	取引先が部門別納品可	可
⑤店別定時一括納品	可	可	可
⑥物流 EDI によるデータ交換	可	可	可
⑦仕入確定	可	可	可
⑧メーカーから店舗までの物流費削減	可能性大	可能性小	可能性小

(4) 取引先の納品方式

①主要な取引先の納品方式（現状）

　次頁の表は、主要な取引先の納品方式、納品金額と納品数量である。取引先別の納品方式とその傾向を見ることを目的にしている。従って、取引先の納品金額と納品物量と部門別年間仕入額・仕入数量の合計は、会計処理の都合で一致していない。

<表2-17> 主要な取引先の納品方式

納品方式	取引先名	納品金額(百万円)	納品数量(千ピース)	仕入単価(円)
TC1	東京国分㈱	1,743	14,672	119
	㈱美多加堂	1,047	10,388	101
	㈱山星屋	921	8,651	106
	その他	10,815	77,170	140
	TC1 計	14,526	110,881	131
TC2	大正製薬㈱	1,183	1,641	721
	佐藤製薬㈱	837	1,154	725
	興和新薬㈱	711	938	758
	エスエス製薬㈱	533	940	567
	ジャペル㈱	237	1,302	182
	花王CMK㈱	5,543	18,949	293
	グローカルペットケア㈱	145	999	145
	アズフィット㈱	275	875	314
	㈱井田両国堂	1,938	3,325	583
	グレートアンドグランド㈱	209	1,873	112
	その他	701	2,484	282
	TC2 計	12,312	34,480	357
DC	資生堂販売㈱	2,750	2,976	924
	カネボウ化粧品販売㈱	1,433	1,588	902
	コーセー化粧品販売㈱	487	431	1130
	中央物産㈱	2,735	11,384	240
	㈱PALTAC	3,276	7,710	425
	ピップ㈱	2,430	8,270	294
	㈱あらた	3,645	13,231	275
	(株)大木	619	1,265	489
	アルフレッサヘルスケア㈱	2,599	3,960	656
	イワキ㈱	254	387	656
	その他	5,481	36,101	152
	DC 計	25,709	87,303	294
	合計	52,547	232,664	226

②部門別納品方式案

商品調達先としてメーカーとの関係を強化したい。その実現の為に、商品を買い取りとして、在庫型にしていく予定である。

提案時は、現行の在庫型、TCⅠ型、TCⅡ型の構成であっても良いとする。但し、在庫移行時期を明記しておく。

<表2-18>

部門名	取引先の納品方式の案				備考
1.医薬品 　医薬品(直販メーカー)	在庫型 在庫型	TCⅠ型 TCⅠ型	TCⅡ型	直納	
2.調剤	在庫型				対象外で可
3.医薬用品	在庫型	TCⅠ型	TCⅡ型		
4.健康食品	在庫型		TCⅡ型		
5.ベビー	在庫型		TCⅡ型		
6.ビューティ 　ビューティ 　（制度化粧品）	在庫型 在庫型	TCⅠ型	TCⅡ型		
7.雑貨 　雑貨（文具） 　雑貨（紙）	在庫型 在庫型	TCⅠ型	TCⅡ型	直納	
8.ドライフード	在庫型	TCⅠ型	TCⅡ型		一部対象外
9.日配食品					対象外で可
10.酒	在庫型	TCⅠ型			

注．在庫型を採用すると、春と秋に定番の棚替えに伴って、商品の入れ替えが起きる。その時、在庫アイテム数と在庫量が約 5%増加することを織り込んでおく。

第3節　提案書及び見積書作成に当り

(1) 提案書のフォーマットは、任意である。

(2) センターフィーの見積りは、下表の通りである。

部門別	物流センター対象(百万円)	物流費(千円)	センターフィーの提案料率(%)
1. 医薬品	4,095		
2. 調剤	0		
3. 医療用品	1,372		
4. 健康食品	1,337		
5. ベビー	1,450		
6. ビューティ	9,893		
7. 雑貨	14,366		
8. ドライフード	14,273		
9. 日配食品	0		
10. 酒	5,614		
11. サービス	0		
合計	52,400		

注1. 物流費の合計額は見積書の合計額と一致する。

注2. センターフィーの提示は、部門別でも、部門をまとめても良い。

(3) 見積書のフォーマットは、次頁に基づく。

　納品方式は貴社の提案次第であるので、納品方式別にケースとピースの物量と作業単価を「別表」にして提出する。

　「見積書」のフォーマットに記載される作業数量は、納品方式別の合計値である。「別表」の納品方式別物量の合計値とRFPの公表数値とは一致する。

第3節　提案書及び見積書作成に当り

見積書フォーマットの例

費用	科目	計上基準	年額
固定費	借庫料	・物流センターの借庫料・税金・保険関連等計上。 　借庫料：延べ床面積＿坪×＿円/坪月×12ヶ月 　税金・保険等の費用：＿円/年 ・物流センターを建設する時、投資額と減価償却費を計上する。	
	設備費 備品費 システム費	・設備償却費（5年償却）計上。 　設備投資額＿百万円。減価償却費＿百万円。 ・備品等償却費（3年償却）計上。 　備品等投資額＿百万円。減価償却費＿百万円。 ・システム機器・ソフト償却費（5年償却）計上。 　システム投資額＿百万円。減価償却費＿百万円。 ・投資額計＿百万円 ・減価償却費計＿百万円	
	社員人件費	社員人件費計上（＿人）。 組織図添付。	
	固定費計		
変動費	庫内作業費	庫内作業に係わるパート等の雑給。 ケース作業単価：在庫　＠＿円/ケース×作業数量 　　　　　　　　ＴＣⅠ＠＿円/ケース×作業数量 　　　　　　　　ＴＣⅡ＠＿円/ケース×作業数量	
		ケース庫内作業費	
		ピース作業単価：在庫　＠＿円/ピース×作業数量 　　　　　　　　ＴＣⅠ＠＿円/ピース×作業数量 　　　　　　　　ＴＣⅡ＠＿円/ピース×作業数量	
		ピース庫内作業費	
		庫内作業費計	
	庫内管理費	事務費、消耗品費、光熱費他を一括計上。 ＠＿円/ロ×配送口数＿ロ/年	
	配送費	配送関連費。 配送費＝＠＿円/ロ×配送口数＿ロ/年	
	変動費計		
本部管理費		本部管理費＝（固定費＋変動費）×＿％ 利益含む。	
合計			

第2章　物流エンジニアリングのケーススタディ

第3章
物流エンジニアリングの講義

第1節　物流エンジニアリング

１．経営戦略と物流エンジニアリング

　経営戦略や物流の営業戦略はできており、物流をエンジニアリングすることからスタートする。

１）物流エンジニアリングのアプローチ方法
　物流エンジニアリングには、二つのアプローチがある。どちらを取るかによって、エンジニアリングが変わる。
　一つ目は、バックキャスティングである。あるべき姿（将来）を考えてから設計する。例えば、10年後から逆算する。
　二つ目は、ファオキャスティングである。現在から未来を予測して設計する。今、できることから考える。
　ケーススタディでの提案に当り「店舗の売上計画」を確認することである。どちらのアプローチを取るかは、エンジニアリング担当者の考え方である。

２）物流エンジニアリングの構造と機能
　消費財の場合、原材料の調達から消費者が商品を購入するまでの過程がサプライチェーンである。多段階に亘るサプライチェーンの中で、消費者の声を聞くには、自社をどのような位置にしていくかである。サプライチェーンの過程の内、中間流通業は、だれを調達先とし、だれを顧客として考えるかである。現状のままのサプライチェーンで行く方式がある。あるいは、卸売業の過程を排して、小売業がメーカーと取引をして短くすることもあり得る（図2-2参照）。

また、成長戦略を採用する会社の取引規模は、長い目で考えれば拡大して行くと考えられる。

第2章のケーススタディに関して、ここでは、メーカー及び卸売業を調達先とし、小売業を顧客の対象としよう。しかも、小売業の専用物流センターとして検討する。

物流エンジニアリングは、経営のインフラである物流の構想に基づく。構想を決める際にまず検討することは、目的にあたる「顧客サービスレベル」である。顧客サービスレベルに基づき、物流の構造にあたる「物流拠点」、物流の機能にあたる「調達、庫内作業、輸配送、在庫管理、情報システム」を検討する。

＜図3-1-1＞物流エンジニアリングの構造と機能

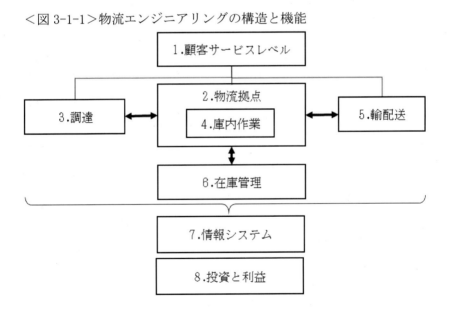

第3章　物流エンジニアリングの講義

　目的である「顧客サービスレベル」に従って、構造や機能をどのように設計するかは、設計者次第である。
　物流エンジニアリングにおける構造・機能と課題は、次の通りである。

＜表3-1-1＞物流の構造・機能と課題

	物流の構造・機能	課題	
目的	1. 顧客サービスレベル	顧客への提案事項と合意事項	
構造	2. 物流拠点	立地計画 拠点規模計画 倉庫の建設又は倉庫の賃借	
機能	3. 調達	商品の調達計画と運用	
機能	4. 庫内作業	物流設備の設計・開発・運営 作業計画と運営 生産性・コスト管理 品質管理、安全管理 保守管理 人事・労務管理 委託先管理	作業工程作り
機能	5. 輸配送	輸配送計画と運営 委託先管理	
機能	6. 在庫管理	商品を物流センターに在庫する 物量の需要予測と在庫量	
機能	7. 情報システム	情報システムの設計・開発・運営	
機能	8. 投資と利益	利益で投資を回収できる	

3）物流センター開設フロー

物流センターの開設計画を検討するに当り、第1期「企画設計」で予定しているスケジュール項目は次の通りである。

<図3-1-2>物流エンジニアリングフロー

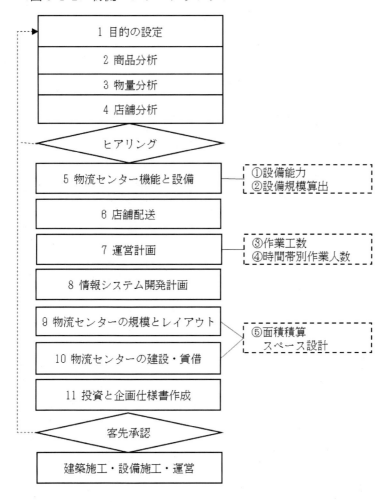

第3章　物流エンジニアリングの講義

２．物流エンジニアリングに基づく商談と提案

　物流エンジニアリングをする立場で、「やりたいこと」は何であろうか。物流センターの提案が、成約すること、そして稼働することである。顧客が喜んでくれることである。

　その為には、まず、ケーススタディに書かれている"RFP"を読み込んでみることである。顧客が何を望んでいるのか、何をやろうとしているのかが見えてくるだろう。あるいは、物流センター構築ということでは、顧客が気づいていない点があるかもしれない。それを書き出してみることだ。

　次に、商談の場でヒアリングをし、「対話」をすることだ。顧客の承諾を得られるなら、現物流センターの見学もある。反面教師になるかもしれない。顧客の実態や顧客が納得する将来像を明らかにする。顧客がやりたいことを成功させる「成約条件」を明らかにしよう。

　その一つが、今日、スマホや IOT 等のようにデジタル技術が進んでいることだ。物流は、データで語ることができる。顧客が物流センター構築で言わんとすることを、デジタル技術を使って新たな価値を創造してみよう。それが、デジタルトランスフォーメーション(DX)であり、データで説明できるようにすることである。

　その上で、顧客のお役に立つことを「提案」する。将来に向かって解決案を提示するのが、提案である。

　言い換えるならば、提案は、顧客の課題を解決して、その将来像を「証明」することである。その為に、物流エンジニアリングを行う。

　それらが成功すれば、成約に結び付く。

3．物流コスト、物流品質、安全第一

1) 物流エンジニアリングの基本前提

物流エンジニアリングを行う時、前提となるのが「物流コスト」、「物流品質」、「安全第一」の考え方である。いずれも実行時には基準値を設定して評価する。改善事項があれば改善する。

①物流コスト

物流コストは、固定費と変動費の観点の考察や、物流 ABC (Activity Based Costing)から生産性を検討する。

②物流品質

物流品質は、物流センターの稼働時に作業の品質を高く保つことを基本とする。

物流センターでは入庫ミスや誤出荷をしないこと、即ち、作業が高品質であることである。在庫に関して言えば、入出庫作業の精度という品質が高ければ、その差である棚卸差異も小さくなる。

作業の品質が高いと、保管している商品を探したり、誤出荷への対応をしたりすることがなくなる。不要な作業に時間を割かなくて良いので、生産性が高くなる。

③安全第一

物流センターの設備稼働時や作業時に、従業員の安全を第一に考える。危険箇所としては、コンベア等の駆動部での巻き込み、フォークリフトの走行時に人との接触事故や入出庫バースからの転落、高所作業時の転落、配送時のトラック事故等がある。

広く言えば、安全は、地震、水害、火災や、停電等の BCP (Business Continuity Plan)に繋がる問題である。

2）物流コスト

(1) 物流 ABC(Activity Based Costing)は作業がベース

　物流コストを検討するには、物流 ABC をベースにすることである。物流 ABC は、作業を対象にしているからである。

　物流 ABC で言う作業とは何かといえば、次のように考えられる。

①庫内作業としては、入荷・入庫、格納、保管、ピッキング、仕分・荷揃え、出庫・出荷等の作業を対象とする。

②配送としては、事前打合せ、積込、走行、積降、帰社後報告活動を対象とする。

③庫内作業、配送や管理事務等のマネジメントを対象とする。

　物流センターの作業工程を図解すると、下図のようになる。

＜図 3-1-3＞物流センターの作業工程

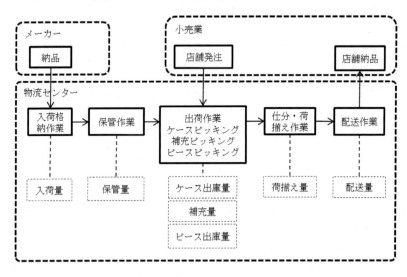

第1節　物流エンジニアリング

　物流の作業は、人が作業することによって成り立っている。作業工程に従って、庫内作業費が発生する。従って、作業工程の定義が要になる。

　中でも、ピッキングは、顧客の要望に応じて商品を取り揃えることである。例えば、顧客が、店別・部門別に商品を揃えて店舗に納品することを要望している時、在庫型物流センターは在庫している商品から店別・部門別にピッキングする。ピースピンキングは、ケースを開梱して、その中から単品（ピース）をバラで取り出す作業をいう。

　作業工程は、こうした考えに従って組み立てられ、設備化される。

　在庫型物流センターの各作業工程を定義すると、次のようになる。

<表3-1-2>在庫型物流センターの作業工程定義の例

作業工程		作業工程定義
入荷	ケース荷受け・検品	ケース単位で荷受けし、検品、仮置きする。
	ピース荷受け・検品	ピース単位で荷受けし、検品、仮置きする。
	格納	検品した入荷品をコンベア又はフォークリフトにより保管場所に移動し、格納する。
保管	平置き保管	床にパレット単位に置いて保管する。
	パレットラック保管	パレットラックに保管する。
	中量棚保管	中量棚に保管する。主にピース出荷される商品が対象である。
出荷	ケースピッキング	ケース単位にピッキングする。
	ピースピッキング	ピース単位にピッキングする。
	仕分	行き先別に仕分けして、荷揃え場に移動する。
	荷揃え	行き先別に商品を揃える。

注 1. 総量納品型や店舗通過型の作業定義は省略している。いずれも入荷時は口数検品することである。総量納品型で納品された商品の仕分は、店舗別部門別仕分をする。

注 2. 店舗からの返品があるが、省略している。

(2)物流 ABC のアクティビティの設定

　作業単位として、アクティビティを設定する。作業単位毎に、アクティビティ名（作業名）をつける。

　アクティビティ（作業単位）を設定するのは、求めたい物流コストが何かによる。できたらアクティビティを細分化する単位は、作業の最小単位毎に設定するとよい。物流作業の内、どの作業が問題かを作業の最小単位に遡って検討できる。

　また、細分化されたアクティビティに応じたデータ収集方法を確立しておくことである。設備を通じて作業者別や設備毎に作業の最小単位のデータが自動的に収集できるようにしておく。人の申告方式は、記入者の手間になるし、誤差もあるので、避けることである。

　アクティビティの例として、物流作業を分解して、概略から詳細に至る迄を、レベル 1 からレベル 4 迄の段階にして示す（図 3-1-4）。

　レベル 1 では、庫内作業を三つに分けて、入庫作業、保管作業、出庫作業にしている。

　次に、レベル 2 からレベル 4 迄を例示する。

　レベル 2 では、入庫作業の内、検品作業や格納作業のレベルに細分化している。

　レベル 3 では、レベル 2 のピッキング作業を細分化して、ケースピッキングとピースピッキングに分けている。

　レベル 4 では、レベル 3 のピースピッキングを、ピッキング作業、

移動、準備・片付けに分けている。

　レベル3とレベル4の詳細な例は、図3-1-5を参照する。

＜図3-1-4＞アクティビティ（作業単位）設定レベルの例

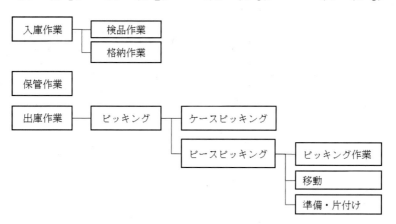

＜図3-1-5＞庫内作業のアクティビティ設定の例

　下図では、レベル3やレベル4の詳細な例を示す。

＜レベル3＞の例

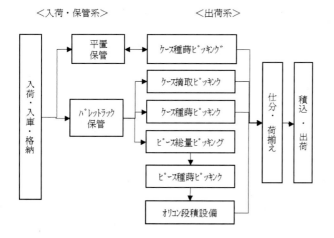

＜レベル4＞の例

作業時間	「ピース総量ピッキング」の作業動作
準備時間	カートにオリコンを乗せて、オリコンとカートの紐づけ
歩行時間	行先指示に従ってカートを移動
ピッキング時間	ピッキング場所のバーコードをスキャン
	指示された商品を指示数量分ピッキング
	ピッキングした商品のバーコードをスキャン
	ピッキングした商品をオリコンに投入
歩行時間	次の指示ピッキング場所に行く。なければ終了。
後片付け時間	オリコンの中を整理後、オリコンを搬送。

上図の作業生産性が、400ピース/人時になる例である。

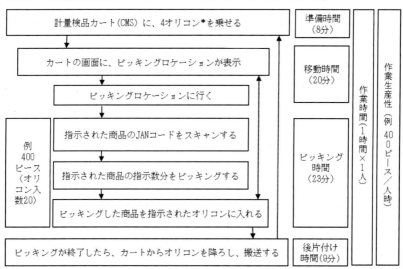

注．オリコンは、折りたたみコンテナの略。容積は50ℓ、40ℓ等があり、主にピース単位の商品を納品する容器として使われ、配送後回収される。

第1節 物流エンジニアリング

(3)アクティビティの作業単価設定

「作業単価」の設定は、次のように行う。

①アクティビティ毎にある期間のコストを算出し、「アクティビティ物流コスト」とする。

②アクティビティ毎のある期間の「作業量」を把握する。

③「作業単価」を算出する。

　計算式は、次の通り。

　　作業単価＝アクティビティ物流コスト÷作業量

作業単価は、ある期間の値なので、実態と乖離しているようであれば、修正する。

アクティビティ「作業単価」の設定例を、配送で示す。アクティビティ物流コストは、31,229円/日、作業量（配送量）は、300ケース/日なので、作業単価は、104円になる。

<表3-1-3>配送（4tウィング車)のアクティビティ単価の設定例

月当り固定費					
人件費	車両費	保険費その他運送費	運送費合計	本社一般管理費	合計①
400,539	89,177	137,088	626,804	62,680	689,484
日当り固定費（24日/月）					
固定費②＝①÷24					28,729
燃料・修繕費等③					2,500
「アクティビティ物流コスト」運行費②＋③					31,229
「作業量」配送量（ケース/日）7,200ケース÷24日					300
「作業単価」（円/ケース）31,229円÷300ケース					104

第3章 物流エンジニアリングの講義

(4) アクティビティ毎のコスト

　前項(3)より、アクティビティ毎の「作業単価」があらかじめ設定されている。従って、対象となるアクティビティの作業量がわかると、アクティビティ毎のコストは算出される。

　　アクティビティ毎のコスト＝作業単価×作業量
　　　　　　　　　　　　　　　　　（何個、何回又は何時間）

　ABC の定義は、次のように定義されることがある。このテキストでは、"Resource Driver" と "Activity Driver" をいずれも "Driver" に着目して一つにしている。

"ABC" Cost	=	Resource Rate（単価）	×	Resource Driver（時間）	×	Activity Driver（回数）
		時間給いくらで？		何時間かけて？		何回行うか？

第 1 節　物流エンジニアリング

<表 3-1-4> 投入費用をアクティビティ毎に物流 ABC で把握

　下表は、物流センターに投入される全項目を挙げている。

　物流 ABC は作業を対象としている。物流 ABC では言及していない科目として、スペース、設備・システム、社員という固定費がある。アクティビティ毎に物流コストを算出できるようにするには、固定費を配賦するレベルを決めて、アクティビティに直課できる科目に限定することである。

物流センターの投入項目		物流 ABC	固定費	変動費
スペース	・建物 ・土地	作業工程別面積に応じて、減価償却費又は賃借料を配賦	○	
設備・システム	・設備： 　パレットラック、 　ピッキングシステム、 　ケースソーター等 ・システム開発	作業工程別に減価償却費又はリース料を配賦 （作業工程別に設備化されている．共用の時は作業量で配賦）	○	
人員	・社員 　（マネジメント等）	所管部門別に人件費を配賦 （兼務の時は時間で配賦）	○	
	・パート（庫内作業等） ・派遣（同上）	配属先の作業工程別人件費 （兼務の時は時間で配賦）		○
配送	・トラック 　（自社ドライバー、傭車、車両経費）	積載質量・距離別に配送単価を設定	△	○
資材・消耗品	・カゴ車、オリコン等 ・段ボール箱、緩衝材等	作業工程別の作業量に応じて配賦		○

第3章 物流エンジニアリングの講義

＜表3-1-5＞S社の物流ABC事例

S物流センターの20××年×月度物流ABC実績を掲載しておく。但し、この表では変動費のみを対象にしている。

科目		ABCによる作業工程別原価							計
		入荷 (ケース)	ケースと補充出庫 (ケース)	ピース出庫 (ピース)	荷揃・積込 (口)	継走 (口)	配送 (口)	事務・庫内・配送マネジメント	
原価	総原価A (千円)	1,184	5,824	6,275	204	324	16,354	1,500 2,969 613	35,227
物量	物量B (本or口)	439,759	454,186	2,153,438	446,258	101,389	344,889	―	―
単価	実際単価(A/B)	2.6円	12.8円	2.9円	0.5円	3.2円	47.4円	―	―
	標準単価(円)	3.7円	14.6円	2.6円	0.4円	3.2円	62.1円	―	―
	対標準指数(%)	70.3%	87.7%	111.5%	125.0%	100.0%	76.3%	―	―

第1節　物流エンジニアリング

<表 3-1-6>減価償却費の税法上の耐用年数

区分	設備名	資産区分	耐用年数	区分	設備名	資産区分	耐用年数
倉庫設備	倉庫用建物	建物	38〜7	自動倉庫	立体自動倉庫 回転ラック 流動ラック 移動ラック	機械及び装置	12〜7
	エレベータ	建物付属設備	17				
	照明設備		15				
	電気設備						
	空調設備	機械及び装置	9				
	自動警報装置						
搬送コンベア	ベルト チェーン ローラ 垂直	機械及び装置	12〜7	仕分ソータ	プッシャー型 スライドシュー型 ホイール型 台車型	機械及び装置	12〜7
ピッキング	カート	車両運搬具	4	事務物流器具	机、ロッカー、キャビネット	器具及び備品	15
	コンピュータ	器具及び備品			端末機器 パソコン		5
	ラック		10		保管棚		10
					コンテナ		7
					台車	車両運搬具	
					フォークリフト		4

注1. 建物の構造により耐用年数が異なる。

注2. システムの構成により耐用年数が異なる。

(5) 顧客別アクティビティ

同じ受注総数であっても、提供する「サービスレベル」は、顧客によって異なる。サービスレベルは、物流センターの作業に置き換えられ、コスト格差になる。顧客別の物流コストは、サービスレベルに応じたコストになるとも言える。

企業内の「どの部門の責任か」が検討できる。

【例題】
A社は、週3回受注・納品で、ケース納品。B社は、週6回受注・納品で、ピース納品。各社の物流費はいくらか？

【解】

顧客別作業量		A社	B社
受注ピース総数		100	100
ピッキング	ピース	0	100
	ケース	5	0
1週当り配送回数		3	6

（1ケース20ピース入り）

営業部門の責任

×

アクティビティ単価	
ピース当り	6円
ケース当り	50円
配送	80円

物流部門の責任

各社の物流費

=

顧客別物流コスト		A社	B社
ピッキング費	ピース	0	600円
	ケース	250円	0
配送費		240円	480円
計		490円	1,080円

3）物流品質
(1)物流作業の品質管理
　仕事の基本は、約束を守ることである。発注先の約束や荷主の約束を守る。それが、顧客満足の基本であり、顧客との間で約束した要求事項の履行になる。
　物流は、作業工程毎にみると繰り返しが多く、今の仕組みは人に依存している。その為に、物流作業ではミスが発生する。物流品質面で課題になるのが、次の点である。
・商品の品と質の保証、受注した品目と数量の納品保証
・納品先の保証、納品時刻の保証、納品計上の保証

(2)物流作業の品質管理原則
　物流は、データ指示に基づいて作業するので、データをベースに品質管理ができる。
原則1. 作業指示データに基づき作業を実施する。
　　　　作業指示のない作業は、しない。
原則2. 作業指示データと作業内容結果とを検証する。
　　・何を、いくつ：品目（アイテム、SKU）と数量の検品
　　・どこから・どこへ（From To）：移動先の検証
　　・受渡の検証（例：入荷時、出荷積込時、店舗納品時等）
　　　商品の受渡は、渡す側と受け取る側双方で受渡をする商品と数量を、少なくとも口数で検証する。
原則3. 差異追求を実施する。
原則4. 文書化した手順を確立する。
　　　　作業マニュアル（品質管理工程図を含む）の作成と、それに伴った作業をする。

(3) 作業工程と作業指示データ

物流センターの庫内作業には、入荷から始まり、店舗納品まで大きくは、8段階の作業工程になる。各作業工程とも、作業指示がデータとして電子的又は文書で指示される。作業者にとっては作業指示になり、データは作業行為になる。各作業工程とも品質管理の視点がある。

<表3-1-8>作業工程と作業指示データ

作業工程	作業指示データ	作業行為	品質管理の視点
1. 入荷・検品	入荷予定データ	どこから 何をいくつ いつまで	入荷品質
2. 格納	格納データ	何をいくつ どこからどこへ	移動品質
3. 保管	棚卸データ	どこに、 何がいくつ	棚卸品質
4-1. ケース・ピッキング	ケース・ピッキング指示データ	どの棚から 何をいくつ	ピッキング品質
4-2. 補充ピッキング	補充ピッキング指示データ	どの棚から 何をいくつ	ピッキング品質
4-3. ピース・ピッキング	ピース・ピッキング指示データ	どの棚から 何をいくつ	ピッキング品質
5. 仕分・荷揃え	仕分・荷揃えデータ	何をいくつ どこに	仕分・荷揃え品質
6. 積込	積込データ	何をいくつ どこに	積込品質
7. 配送	配送データ	どこに 何をいくつ	納品品質
8. 店舗納品	納品データ	どの店舗に 何をいくつ	

第1節 物流エンジニアリング

(4) 物流品質管理技術

どの作業工程にも物流品質管理技術がある。作業時の対象として、品目に目を向けるか、間口に目を向けるかによって、各々の管理技術がある。それらを着実に作業に反映するように、作業動作そのものを標準動作としてシステム化していくことである。作業時にハンディターミナル(HT)を使用するのであれば、物流品質管理技術を標準動作に置き換えて、HTにシステム化しておくことである。

＜表3-1-9＞物流品質管理技術

作業	作業内容	対象	物流品質管理技術
ピッキング	ケース・ピッキング	品目	商品アイテムの照合：棚番号と商品コードの検証 数量検品
		間口	作業単位毎に全棚ロケーション管理による移動先チェックと棚卸
	ピース・ピッキング	品目	商品アイテムの照合：棚番号と商品コードの検証 数量検品：ピッキング指示数に対するピッキング作業数の検品
		間口	全棚ロケーション管理による移動先チェック ピース・ピッキング間口の棚卸 バッチ単位毎の棚卸（欠山チェック）
荷揃			荷揃え間口の設定
納品			納品データと店舗先の照合

(5) 物流品質管理項目とミスの例

物流品質管理項目と典型的なミスの例を取り上げておく。

<表 3-1-10>

物流品質管理項目	ミスの例	ミスが発生する作業
①受注した品目と数量の納品保証	品目違い、数量過不足	ピッキング
②納品先の保証	誤配(納品先違い、店違い) 誤納 (品目違い、数量過不足違い) 仕分ミス 荷揃えミス 補充ミス オリコン投入ミス	配送・納品 積込、積降し 仕分 荷揃え 間口補充 オリコン投入
③納品時刻の保証	遅納、早納	納品
④商品品質の保証	商品の汚損・破損	全作業工程
⑤納品計上の保証	納品計上漏れ	出荷確定データ送信ミス

(6) 設備毎の品質レベル

ピッキング設備例		ミス率	処理能力	作業処理時間/ライン(行/時間)
伝票		3/1,000	低	～70
表示機システム	DPS	3/100,000	中	100～500
	DAS	3/100,000	中	60～150
ピッキングカート		1/100,000	中	60～150
仕分ソータ		1/100,000	高	3000～

注 1. (6)設備毎の品質レベルは、辻本方則氏「ロジスティクス・MH 管理士講座」作成資料(2015/10/8)による。一部改修。

注 2. 人による作業の品質レベルは、百分の一から千分の一位の確率でミスが発生する。物流の作業工程の組み立てを見ると、単純作業の繰り返しが多くある。人が作業する時は、長時間に亘り単純作業をさせない工夫がいる。

第2節　提案前のヒアリング

1．顧客の目的

　顧客は、何を望んでいるのだろう、何を実現したいのだろう。顧客の「物流部門の目標」を一項目ずつ読み返してみよう。顧客のRFP（Request for Proposal）を読み込むことである。不明点があれば、顧客に質問表を用意して質問することである。エンジニアリングは一方的なものではなく、顧客との対話が基本である。

　ケーススタディ「物流部門の目標」①に「店内作業がローコストオペレーションになる物流と情報システムの構築を図る」と書かれている。③には「在庫型物流センターを指向する」とある。

　これらの目標を物流エンジニアリングとして具体化していくのはどうすることであろう。「店内作業がローコストオペレーションになる物流」の具体的な姿は、商品を店舗規模別に応じて部門を細分化して納品することであるとしよう。また、商品分析・物量分析・店舗分析は、調査できているとしよう。

　とすると、物流の仕組みはどうあればよいのだろうか。顧客の目標を具体化する物流技術の組み立て方は、いろいろある。物流技術としてみると、できることとできないことがある。既存技術を取捨選択することや新規開発をどうすることが合理的なのだろうか。

　物流エンジニアリングフローではステップバイステップでやるべき項目が表現されている（図3-1-2）。初めて物流エンジニアリングをする時、フローに従って順次に進行し完成させる。経験していくと、全体像と細部の相互関係や、関連する細部と細部の相互関係を考えながら進んで行く。顧客が実現したいことに深みが増す。

2．商品分析

1）商品
①アイテム数は、ケーススタディでは4万SKUである。
②部門は、ケーススタディでは11部門である。それを発注・納品区分では、四つに区分している。
＜単品及びケース毎に調査すること＞
　商品の特性を理解することが、設計段階の鍵になる。
③商品名
④商品コード：JANコード、ITFコード、RFID
⑤荷姿（単品と梱包された商品や荷物の外見・形状）
⑥質量（単位g、kg）
⑦サイズ（縦・横・高さのサイズ、単位mm）
⑧容積（単位m^3、ℓ、才：1立方尺0.0278m^3）
⑨ケースの入数（ピース数、内箱数）
⑩パレットのサイズと、積み付け数（1面の数×段数）
⑪管理温度（常温商品のみとし、チルド、冷凍、定温は除く）
⑫法的制約（使用期限、消費期限、賞味期限等）
⑬商品の取り扱い上の注意点は、「取扱説明書」に記している。例えば、バンドルしている商品や傷みやすい商品等の取り扱いである。

2）商品を知るための一般知識
(1)マーケティング(MK)
　ドラッグストアで販売しているのは、医薬品を中心にした衣食住に係る消費財である。
　消費財のマーケティングは、商品やサービスを顧客（消費者）に使

っていただくために、商品やサービスを市場化していく経営活動である。

マーケティングでは、生産サイドの Product(商品)、Price(価格)、Place(流通)、Promotion(販促)の 4P が有名である。マーケティングは、商品を通じて、顧客の創造があるから成り立つ。その意味では、マーケティングの構成要素は、4P＋C(consumer)である。

＜図 3-2-1＞マーケティング概念図

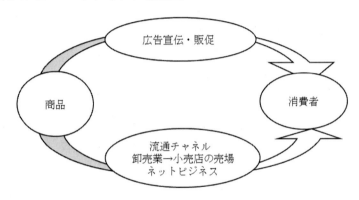

商品戦略は、次の三つが要点である。
① 商品力は、消費者の好意度を得ることである。
　消費者は、商品が持つブランド・エクイティ（ブランド価値）、価格、製品パフォーマンスに好意度を持つ。
②広告力は、消費者に認知してもらうことである。
　消費者が、想起する同一カテゴリーのアイテムの中に入っていることが重要である。
③販売力は、配荷することであり、顧客を作ることである。
　消費者が、商品を購入できる状態を作る。

(2) 流通チャネル

　商品と消費者の「出会いの場」として、顧客作りの一環として流通チャネルが形成される。現在は、小売業の店頭とネットビジネス（通信販売）が出会いの場である。

　小売業の店頭に並んでいる商品は、その時点では品揃えする中で選び抜かれたものである。消費者の購買を待っている。

　個人向けには、パソコンやスマートフォンの普及があり、ネットビジネスが近年急成長している。メーカーはネットビジネスに関心を持つことである。消費者にとって、小売業の店頭とネットビジネスがともにオムニチャネル化していく。

(3) サプライチェーン

　流通チャネルは、物流面からみると、サプライチェーンになる。

　サプライチェーン(SC)は、市場に商品を供給するために行われる業務のつながりである。消費財のサプライチェーンは、メーカー、卸売業、小売業に分担され、委ねられている。結果として多段階である。

　SCにおける会社間の取引は、「受発注」と「納品」の二機能によって連結されている。「受発注」は、情報の流れであり、「納品」は、物の流れである。

　日常の取引では、「発注・納品パターン」になる。

＜図3-2-2＞サプライチェーン

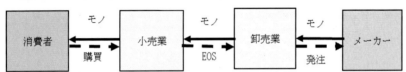

3．物量分析

(1) 物量

仕事のサイクルには、日次・週次・月次・年間単位がある。物流作業は、日次サイクルで組み立てられている。従って、日次の物量を掌握することが、設計する時の鍵である。

物量の波動は、ピーク時と将来の物量に着目する。在庫型物流センターでは、入庫数、在庫数、出庫数毎にピーク物量や将来の物量を調べておく。

(2) 日別物量

① 日別物量は重要

物流センターは、一般的には、店舗発注データ受領後、翌日迄に店舗に納品する「日次処理完結型」である。日別物量は、1日にどれぐらいの作業量があるかを判断する上で、重要な数値である。

日別物量の変化を調べるには、
第一は、年間の日別物量を調べる。
第二は、日別物量の平均値、ピーク物量、標準偏差を調べる。

日別平均物量＝年間納品物量計÷稼働日 312 日/年

（稼働日を 365 日/年と捉えるやり方があるが、実稼働日の方が実務に即している。）

② 日別物量に影響がある要素

店舗の販売数は、来店客数×購入数である。これに影響するのは次の項目である。月次波動、曜日波動、季節波動、販促計画、競合店動向（商品価格、販促等）、天気、気温等である。

(3) 物流センター出荷対象の物量計算

物流センターの作業工程別に商品の荷姿を追いかけると、下図のようになっている。取引先からの物流センター入荷時の荷姿と、物流センターから店舗に納品する時の荷姿は違っている。

作業工程	入荷・積み降ろし・検品	格納・保管	ケースピッキング・仕分(補充含)	ピースピッキング・仕分	荷揃え(出荷先積み付け)
荷姿	パレット ケース	パレット ケース	パレット ケース	ピース オリコン	パレット ケース オリコン カゴ車

通常、小売業から総出荷量がピース数単位で提示される。しかし物流センターの物流設備能力や運営人数を決める上で不可欠な物量が提示されることは滅多にない。必要とする物量の例を挙げよう。

A. 取引先毎の納品方式別物量(在庫型、総量納品型、店舗通過型)
B. 荷姿物量(ケース数、ピース数、オリコン数、カゴ車数、パレット数等)
C. 店舗納品数量

では、小売業から明確な回答がない時、提案を考えている会社はどのようにするか。提案する会社側で、納品方式別にケース出荷数、ピース出荷数、出荷口数を推定することになる。

①納品方式別のケースとピースの比率と出荷口数の算出
A. ケース出荷・オリコン出荷の構成比を次のように決める。
・取引先毎の納品方式を決める。
　例：在庫型、店舗通過型(TCⅠ型)、総量納品型(TCⅡ型)

・取引先の納品方式に従い、納品金額・納品物量を決める。
・納品方式別にケース出荷とオリコン出荷の構成比を決める。
・納品方式別にケース出荷ピース数とオリコン出荷ピース数を算出する。
B. 納品方式別にケース入数とオリコン入数から口数を算出する。

② 例題

総出荷ピース数 222,085 千ピースとする。納品方式は在庫型、店舗通過型(TCⅠ型)、総量納品型(TCⅡ型)である。

A. 納品方式別ケース出荷ピース数・オリコン出荷ピース数の算出

総出荷ピース数 222,085 千ピースを、取引先の納品方式に従って、在庫型 105,372 千ピース、店舗通過型 59,073 千ピース、総量納品型 57,640 千ピースとする。

納品方式別に、ケース出荷・オリコン出荷のピース構成比を決める。在庫型 58:42、総量納品型 60:40、店舗通過型 81:19 とする。合計では 65:35 になる。

これによって、納品方式別にケース出荷ピース数とピース出荷ピース数が算出される。

納品方式	総出荷ピース数（千ピース）	ケース出荷・オリコン出荷のピース構成比(%)	ケース出荷ピース数（千ピース）	オリコン出荷ピース数（千ピース）
年間	222,085	65:35	143,664	78,421
在庫型	105,372	58:42	61,334	44,038
TCⅠ型	59,073	81:19	47,722	11,351
TCⅡ型	57,640	60:40	34,608	23,032

B. ケース入数・オリコン入数

ケース入数は 8.66 ピース/ケース、オリコン入数は 27.1 ピース/

オリコンとする。

　この仮定よりケース数、オリコン数及び合計口数が算出される。

ケース出荷ピース数　143,664　千ピース÷8.66　ピース/ケース＝16,591　千ケース

オリコン出荷ピース数　78,421　千ピース÷27.1　ピース/オリコン＝2,895　千オリコン

合計口数：ケース数　16,591　千ケース＋2,895　千オリコン＝19,486　千口

　同様に納品方式別にケース数、オリコン数、口数計を計算できる。

納品方式	A.物量(千ピース)B+C	B.ケース出荷ピース数(千ピース)	C.オリコン出荷ピース数(千ピース)	D.口数(千口)E+F	E.ケース数(千ケース)	F.オリコン数(千オリコン)
年間	222,085	143,664	78,421	19,486	16,591	2,895
在庫型	105,373	61,334	44,038	8,698	7,165	1,533
TCⅠ型	59,072	47,722	11,351	6,533	5,985	568
TCⅡ型	57,640	34,608	23,032	4,255	3,461	794

＜図3-2-3＞総ピース数から出荷口数を算出する方式

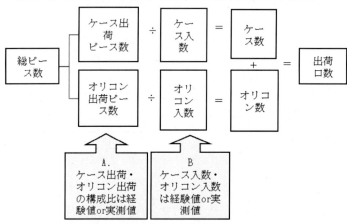

③ 不都合な推定

ケース入数とオリコン入数の仮定を、1口当り入数を2倍にすると、ケース入数17.32ピース/ケース、オリコン入数54.2ピース/オリコンになる。従って、総出荷口数は、当初19,486千口が9,743千口になり、半減する。

このことは、従業員数、設備能力、配送能力、料率が、全く違う解になることを意味する。当然、センターフィーにも影響する。

物量をコンペに参加した各社に委ねてしまうと、物量と方式の解釈の仕方で、様々な解がありうる。コンペでは、同一条件になるように物量を提示した方が良いのではないかと考えている。

(4) ピース主体かケース主体か

仕入数量は、物流センター設計と運営にとって重要な数値である。作業生産性の鍵になる。

表2-5「部門別年間仕入額・仕入数量・仕入単価」を見ると、ベビー、ビューティと雑貨の合計金額比は32.5％、合計数量比は24.2％である。金額比＞数量比から、ピース主体の取扱と推定できる。一方、ドライフードと日配食品は、合計金額比は39.0％、合計数量比は68.3％である。金額比＜数量比から、ケース主体の取扱と推定できる。

ピース主体かケース主体かにより、作業生産性は明らかに違い、ケース主体の方が生産性は高い。

(5) 商品荷姿

物流で取り扱う商品は、多くのカテゴリーから成り立つ。商品の項に書いたように千差万別である。商品の荷姿は、設備やシステム構築

上重要であり、庫内作業、配送や管理面からも要件を整理しておくことである。

　作業上取り扱いにくい商品もある。ドラッグストアではさほど多くはないが、ホームセンターでは良く見られる商品がある。例えば、長尺、重量物、軟包装、木箱、樽、変形、円形、結束、壊れ物等である。設備稼働後に気づいても、取り返しがつかない。事前に商品を店舗で見て、対処方法を決めておく。手動ラインを設定しておくとよい。

４．店舗分析

　店舗分析の項は、小売業が物流センターを建設する点から重要である。物流センターは、店内作業効率化のためにある。

(1) 発注・納品パターン
　ケーススタディで想定している発注・納品パターン（総量納品型、在庫型）を詳細に書くと次のようになる。

＜図3-2-4＞ 「総量納品型」店舗発注から店舗納品までのフロー

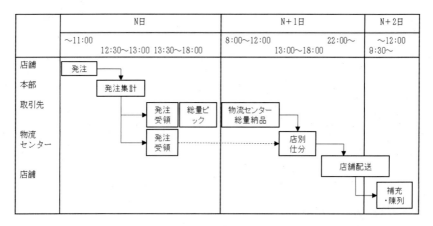

<図 3-2-5>「在庫型」店舗発注から店舗納品までのフロー

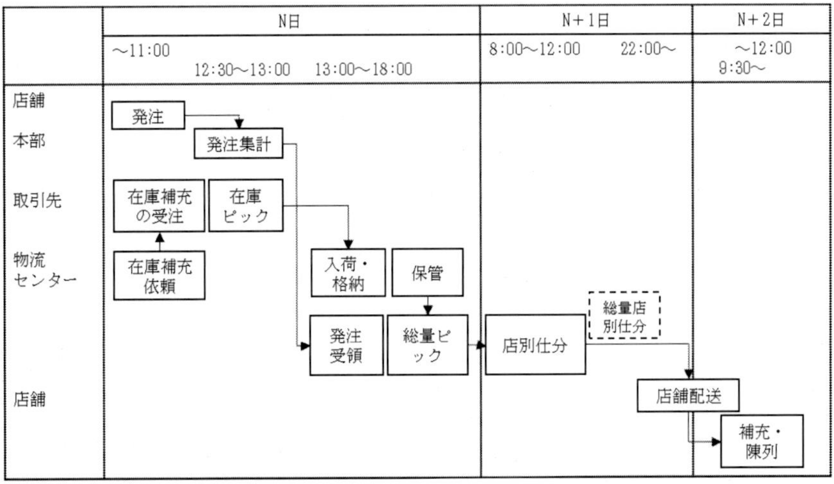

(2) 店内作業

店内作業分析の為には、第2章「ケーススタディ」第2節「5. 店舗と店内作業」の項を読み込むことである。

書かれているのは次の通りである。(1)店舗の概況　(2)店舗発注・納品サイクル　(3)店内作業　(4)発注区分と部門　(5)店舗納品方式　(6)店舗の売上データ。

広義にはサプライチェーンとも関連する。小売業が在庫型物流センターを建設することで、メーカーと直接取引することが考えられ、多段階の流通経路が短縮化されることが想定される。

店内作業を効率化する為に、物流センターはどういう機能があればよいか、設備はどうあればよいかを検討することである。

物流エンジニアリングは、この関連を、整合性を以て設計することである。また、店舗の立地は、物流センターからの配送(第4節　店舗配送)とも深く係る。

第3節　物流センターの機能と設備

１．入荷機能

(1) 入出庫および在庫の全体

　入荷・入庫から商品を在庫して出荷・出庫に至る工程の要点は次の通りである。

＜図3-3-1＞入出庫および在庫の全体図

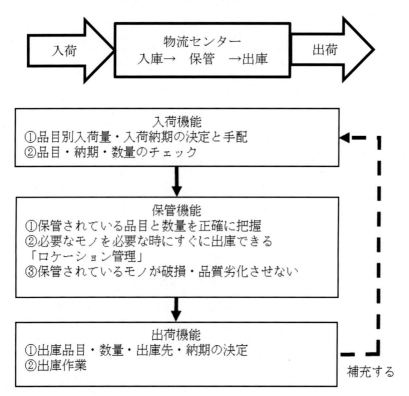

(2) 入荷のポイント

　入荷は、必要な品目が必要な時（納期）に必要な量（数量）だけ入荷されるように管理する。入荷の実績を正確に記録する。

　過剰や品切れを防ぐように在庫を管理する。

①品目別入荷量・入荷納期の決定と手配

　品目別の補充量や安全在庫は、

　　需要量とそのバラツキ、

　　補充頻度、

　　補充リードタイム（補充依頼から補充納品までの時間）、

　　補充方式

　等で決められる。

②入荷時点で行う品目・数量・納期・品質のチェック

　チェック項目は、次の4点である。

　・品目チェック

　・数量チェック

　・納期チェック

　・品質チェック

　入荷時のチェックは、入荷した現品と入荷伝票若しくは入荷予定データ（電子媒体）と照合する。

　入荷の実績と入荷作業結果を正確に記録・報告し、異常があれば対応する。

２．在庫機能

(1) 在庫とは何か

　在庫は、直訳すると、庫（蔵）に在るものである。倉庫の中に在るモノが、価値を持つ。価値を持つとは、いつでも現金に換えることができる。

　即ち、「モノ＝現金」である。

　在庫は、将来の販売のために持っている商品等である。

　在庫の問題は、在庫している商品等の価値が失われる危険が常にある。だから、どれくらいの在庫を持てばよいのかになる。

(2) 在庫の対象

＜図 3-3-2＞在庫の種類

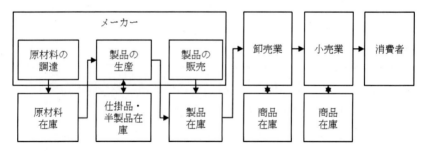

<図3-3-3>在庫の分類

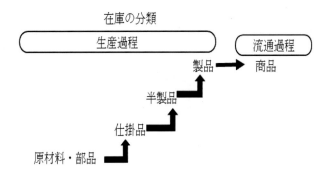

(3)保管管理

　入庫したモノを正確に保管・管理し、その状態を記録・報告する。
①保管されている品目と数量を正確に把握する。
　在庫量とは、当残＝前残＋入庫量－出庫量
②保管されているモノを、破損・品質劣化させない。
③必要なモノを必要な時にすぐに出庫できる。

(4)ダブルトランザクション

　保管エリアにケースを在庫していれば、そこからケースピッキングやピースピッキングはできる。

　それに対して、ダブルトランザクションは、ケースやピース毎に保管エリアとピッキングエリアを分ける。この為に、ケース作業とピース作業の分業によって生産性向上が図れる。フォーク作業と人の作業を分離して交錯することを減らしたので安全確保が図れる。特にピース作業ではパート作業比率を向上する為に考えられた。但し、ケース保管エリアからピース保管エリアへの補充ロジックを作ることが必要になる。

第3章　物流エンジニアリングの講義

＜図3-3-4＞ダブルトランザクションのイメージ図

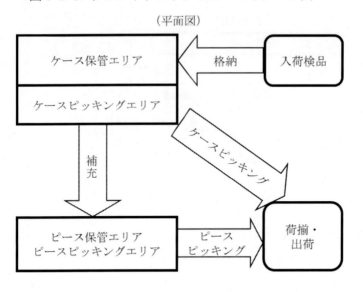

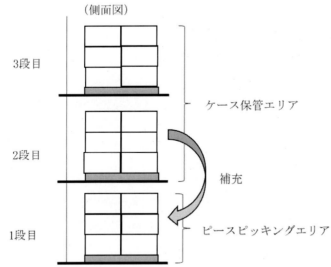

出所『物流管理ハンドブック』湯浅和夫編著、2003年7月2日、PHP研究所 一部修正

(5) ロケーション管理

ロケーション管理は、在庫する場所すべてに「番地」を付ける。その為に、商品が、どれだけ、どこに保管しているかを管理できる。

① 固定ロケーション

固定ロケーションは、商品を保管する場所が、特定の番地に定まっている方式である（指定席方式）。固定ロケーション方式は、1アイテムを1ロケーションで登録するので、モノが常に一定の場所にある。入庫や出庫の際に保管場所を見つけやすい。

全アイテムの最大在庫量を保管できるスペースが必要になる。在庫量の変動によりスペースの過不足が発生する。

② フリーロケーション

フリーロケーション方式は、入庫の都度、空いた場所に入庫するために、同一のモノが複数箇所に分散されて保管され、保管場所が変化する。即ち、1アイテムを複数ロケーションで登録する。フリーロケーションは、商品を保管する場所を自由に設定する方式である（自由席方式）。商品を任意に保管した場所が、その商品の番地になる。

保管効率は高められる。各アイテムの「（最大在庫－安全在庫）÷2＋安全在庫」、又は、「補充量÷2＋安全在庫」の数量を保管するのに必要なスペースで、足りると考えられている（図3-3-5）。

コンピュータの活用により、モノと保管場所を紐づけてロケーション管理することで、モノの保管場所を容易に見つけることができる。

(6) 在庫補充

① 補充頻度と補充量の考え方

補充頻度は、1回当りの補充量との関係で決まる。

補充頻度が多ければ、1回当りの補充量は少なくなる。最大在庫[1]

と平均在庫[2]とも低く抑えられる。補充手配回数が多くなり、補充に掛かる費用がかさむ。

＜図3-3-5＞補充頻度と補充量の関係が在庫量の違いを生む

　　　補充頻度：多、補充量：少の時、平均在庫量は少

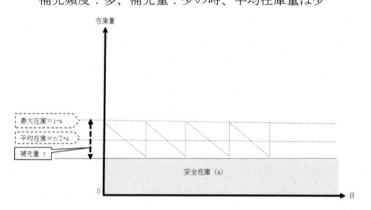

注1.最大在庫：保管できる在庫の許容限度
注2.平均在庫＝補充量÷2＋安全在庫

　補充頻度が少ないと、1回当りの補充量を多くなる。在庫量は増える。補充手配回数は少なくなり補充に掛かる費用は少なくなる。

　　　補充頻度：少、補充量：多の時、平均在庫量は多

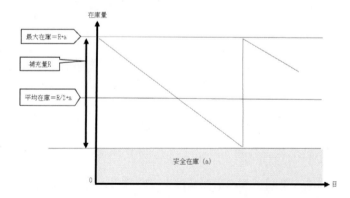

②在庫補充方式

在庫補充方式は、在庫補充のタイミング（定期・不定期）と、補充量（定量・不定量）によって決まり、四つに分類される。

＜表3-3-1＞在庫補充方式

在庫管理		補充量	
		定量（決まっている）	不定量（決まっていない）
在庫補充のタイミング	定期	【定期定量補充法】 定期的に同じ量ずつ補充する。 例：毎週月曜日に1ケース 　　毎月1日に1000個	【定期不定量補充法】 決まった日に補充するが、補充量はその都度必要量を検討して決める。 現在、最も多く採用されている発注法。
	不定期	【不定期定量補充法】 同じ量ずつ補充するが、補充時期は不定期。 ツービン法（補充点と補充量を同量とする方式）などがあり、目で見て管理できる。	【不定期不定量補充法】 補充する量も時期も決まっていない。 変化への対応力が最も強い。

(7) 商品補充費と在庫費の最小化

商品補充費と在庫費の和を最小化する計算例を示す。

【例題1】M 卸売業では洗剤が 1000 ケース/月売れる。仕入れた洗剤は倉庫に保管するので、1 ケースにつき 10 円/月の保管料がかかる。補充事務作業費は 500 円/回かかる。保管料がかからないように在庫を持たずに、頻繁に仕入を行いたい。M 卸売業は 1 回に何ケース発注すれば、補充費と保管料を合計した総費用を最小にできるか。但し、最低の在庫量（安全在庫）として 200 ケースは維持する。

【解】

図 3-3-6 は X ケースを仕入れた時の在庫量の変化を表している。平均在庫量は公式より

　　1 回当り補充数 X ケース÷2＋200 ケース・・・・・・・(A)

　　1 ヵ月当り保管料＝(X÷2＋200)×10 円・・・・・・・(B)

1 回当り補充数が X ケースの時、

　　補充回数＝1000 ケース÷X ケース/回・・・・・・・・・(C)

　　1 ヵ月当りの補充費＝(1000÷X)×500 円/回・・・・・・(D)

総費用は、保管料(B)＋補充費(D)＝合計 Y であるので、

　　$Y = (X÷2＋200)×10＋(1000÷X)×500$・・・・・・・(E)

Y が最小となるには、微分で求めればよい。

　　(E)を変形すると、$Y = 500000 × X^{-1} + 5X + 2000$ ・・・・・(E')

　　E' を微分する。

　　$Y' = -500000 × X^{-2} + 5$・・・・・・・・・・・・・・・(F)

最小化するのは傾きゼロから、$-500000 × X^{-2} + 5 = 0$

　　$500000 × X^{-2} = 5$、$X^2 = 100000$、$X = 316.22$

よって、316 ケースずつ発注すれば最小のコストになる。

<図3-3-6>時間経過と在庫量の推移

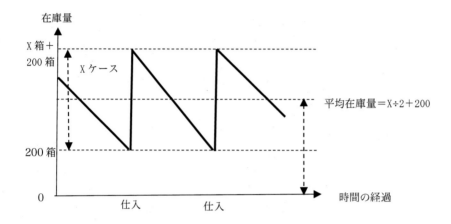

【例題2】

例題1を変形して、保管料を10円/月、補充費を100円/回とした時、補充数はいくらになるか。

【解】

例題2の計算結果は下表のBであり、補充数は141ケースになる。AとBのように保管料が同じである時、補充費が安いと、1回当りの補充数が減る。CのようにBより保管料が高くなると、補充費が同じでも、1回当りの補充数が減る。

	A. 例題1	B. 例題2	C.
保管料	10円/月/ケース	10円/月/ケース	20円/月/ケース
補充費	500円/回	100円/回	100円/回
補充数	316ケース	141ケース	100ケース

(8) 保管設備の例
① 自動倉庫（パレット保管）

▲入出庫ライン

自動倉庫では、在庫の数量管理とロケーション管理をコンピュータで行っている。
パレットは国内標準のT11を使用している。

② 重量棚（パレット保管）

　重量棚（パレットラック）のビーム(パレットを載せる為の部材)の厚みは、耐荷重にもよるが、100mm～150mmである。そのビーム毎に棚位置を示す棚番が貼付される。

③中量棚、軽量棚（棚保管、ケース保管、ピース保管）

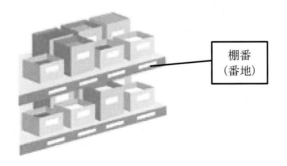

棚番
（番地）

(9) 入荷から保管までのまとめ

　人が、保管作業の中心になっているならば、人の優れた能力に頼れる。典型的には、人は、何を・いくつ・どこに保管したかを記憶しながら作業する。ところが、人が変わると、他人がした保管場所の記憶はない。作業者も保管量も少ない時は、それでよいのかもしれない。

　Aさんだからできるとは、誉め言葉ではあるが、違う意味で言えば、皆が同じように作業できない仕組みになっていると言える。

　人が伝票を書いていた頃は、商品名や単価を記憶していた。発伝を機械化した途端に、それらは忘却される。発伝が本質的仕事ではなかった。このことを思い返していただけるとわかるだろう。

　保管を機械化する、自動化するということは、何が・いくつ・どこに保管されているかをわかるようにシステム化することである。自動倉庫が典型である。全保管場所を商品の保管単位（パレット、ケース、バケット等）によって、設備化しロケーション（保管する番地）を決めることになる。人が作業の都合に合わせて保管場所のメンテナンスを定期的に行うことはなくなる。保管するロケーション（保管する番地）が、機械的に割付けられることになる。

第3章　物流エンジニアリングの講義

　"オートストア"の保管方式のように、よく出る商品は上部に保管される。ロボットの移動距離が短くなるので、更に動きがよくなる。

　保管が機械化・自動化されると、商品を搬送することが機械化される。入荷や出荷も目的に向かって動けるように、場所が特定され、全ロケーションが指定されることになる。入荷は保管場所に、出荷は保管場所から顧客の納品箇所に向かう。出荷に至る搬送途上では、ピッキング、仕分、荷揃えがある。

項目	方式	品質管理
入荷受入方式	保管方式に従って、入荷方式を組み合わせる。検品を行う。 機械式(コンベア) フォークリフト又は台車による人手(HT)	検品
保管設備	保管方式は商品によって組み合わせる 自動倉庫（パレット、ケース） 平置き、重量棚、中量棚、軽量棚 回転棚、移動棚	棚卸差異
保管エリアとピッキングエリア補充有無	保管エリアとピッキングエリアを同一エリアにする方式。 別エリアにする方式：ダブルトランザクションの採用、補充有り	ピッキング精度
在庫のロケーション	ケースやピースによってロケーション方式を組み合わせる。 固定ロケーション フリーロケーション	ロケーション管理
在庫	在庫量を決める 在庫補充方式(補充タイミングと補充量)、 在庫補充頻度と補充量、 安全在庫 補充費と保管費の最小化	棚卸差異

3. 出荷機能

1）出荷機能の基本
(1)出庫の基本事項
①出庫品目・数量・出庫先・納期の決定
　顧客等の要求に基づき、配送リードタイムを考慮して、出庫作業をする出庫先の順番と出庫先別に出庫品目と数量を決める。
②出庫作業
　ピッキングリスト（品目、数量、出荷先の指示表）を作成する。ピッキングリストは、通常、電子化されて表示される。
③出庫結果の記録と報告
　出庫した品目数量を記録し、関係部門に報告する。出庫対象品目の異常（品切れ、品質不良）がある時は速やかな対策をする。
④指示方式から見たピッキング方式
＜図 3-3-7＞

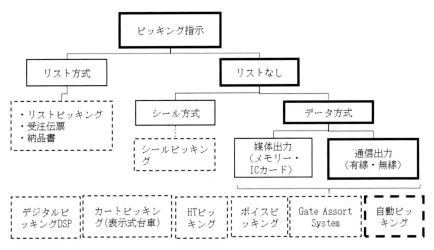

第3章　物流エンジニアリングの講義

⑤ピッキング精度

　人はミスをしがちなので、ピッキング精度向上には設備の技術開発がいる。技術開発の論点としては、次の通りである。

・ケースとピースのピッキングの違い

　サプライチェーンの過程の中で、消費者に近くなるほど、パレット→ケース→ピースと細かくなる。細かい仕分ほど、人による単純な繰り返し作業が増え、ピッキング精度が下がる傾向にある。

・検品工程を設ける是非

　生産性から見れば、工程内で検品し、後工程では前工程の検品をしなくてよいようにする。

・ピースピッキングは、1ピース当りの重さで個数をカウントする技術や、投入先を決める技術は開発されている。

・ピースピッキングの自動化は、いろいろな荷姿のピースを認識し、把持する技術開発が必要である。

(2) シングルピッキングとトータルピッキング

① シングルピッキング

　シングルピッキングは、顧客別の納品伝票等により、摘み取り方式 (order picking system) でピッキングされる。伝票単位に行われるという点では、オーダー完結型である。作業者は1人の時も複数人の時もある。その時は、出荷する順序に合わせるかどうかでやり方が変わる。

　課題は、顧客別にピッキングするので、同じ商品を何度もピッキングし行き来することになる。その為に移動距離が長くなる。

　対策として、ダブルトランザクションの導入を検討する。また、顧客数件分を同時にピッキングするやり方がある。

② トータルピッキング

トータルピッキングは、複数の顧客の受注を商品別に合計して、商品の合計をピッキングする（摘み取り方式）。

その後、顧客別に仕分けていく（種蒔方式 pick and assort system）。その為、商品のタッチが2工程になる。例えば、午前受注と午後受注に分けて、受注の都度、商品別摘み取りをし、顧客別種蒔をする。

課題になるのは次の点である。
・顧客別仕分の為に種蒔用設備とスペースが必要である。
・仕分がすべて完了しないと、ピッキングが完了しない。
・緊急や追加の対応が難しい。
・摘み取り時のピッキングミスと種蒔仕分ミスが分かりにくい。

(3) 摘み取り方式と種蒔方式の選定

摘み取り方式と種蒔方式の選定には、受注数（≒ピッキング数）、アイテム数、アイテムヒット率（アイテム当りピッキング数）等を比較検討する。受注数（≒ピッキング数）とピッキング方式の関係から、どちらの方式が合理的なのか、全体の流れを良く見た上で検討する。

設備の選択は、投資額や作業生産性もあるが、ピッキングの対象となるアイテム数（間口数）と出荷量によることが多い。例えば、アイテム数（間口数）が1千の時と1万の時では、それぞれ選択する設備は変わる。ピースピッキングの摘み取り設備は、前者ではデジタルピッキング、後者ではカートピッキングを選択することが多い。

いずれも人手を前提にしているが、人手でやる方式と機械化を図る方式の仕事の詰め方にも関わる。勿論、機械化指向するほうが曖昧さを許さなくなる。また、ピースピンキングの自動化を検討するならば、設備設計は違ったものになる。

第3章 物流エンジニアリングの講義

① シングルピッキングのフローと設備

<表3-3-3>

項目	説明
工程フロー	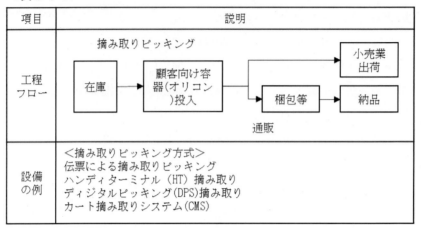
設備の例	<摘み取りピッキング方式> 伝票による摘み取りピッキング ハンディターミナル（HT）摘み取り ディジタルピッキング(DPS)摘み取り カート摘み取りシステム(CMS)

<図3-3-8>摘み取りピッキング設備の例

ハンディ　　　　デジタルピッキング　　　ピッキングカート
ターミナル

　　　　　　　　間口面積が必要　　　　　間口面積が狭くても可

注1. GS1識別コードは、商品やサービス、場所、資産等様々な用途に応じた識別が可能である。商品には、単品でJANコード(13桁、8桁、国際的にはGTIN-13)、集合包装用商品コード(例：ケース)でITFコード(14桁、国際的にはGTIN-14)がある。それによって，設備は、商品を自動識別している。

第3節 物流センターの機能と設備

②トータルピッキングのフローと設備

＜表 3-3-4＞

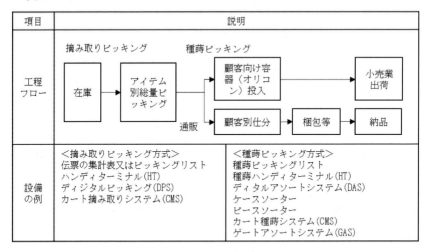

項目	説明
工程フロー	摘み取りピッキング／種蒔ピッキング 在庫 → アイテム別総量ピッキング → 顧客向け容器（オリコン）投入 → 小売業出荷 通販：顧客別仕分 → 梱包等 → 納品
設備の例	＜摘み取りピッキング方式＞ 伝票の集計表又はピッキングリスト ハンディターミナル(HT) ディジタルピッキング(DPS) カート摘み取りシステム(CMS) ＜種蒔ピッキング方式＞ 種蒔ピッキングリスト 種蒔ハンディターミナル(HT) ディタルアソートシステム(DAS) ケースソーター ピースソーター カート種蒔システム(CMS) ゲートアソートシステム(GAS)

＜図 3-3-9＞種蒔ピッキング設備の例

ハンディターミナル　　ピースソーター　　ケースソーター

ピッキングカート

(4) 仕分レベルが店別仕分から店別部門別仕分になる

小売業が、店内作業の効率化から、店別仕分から店別・部門別(カテゴリー別)仕分になる。例えば、店別仕分(例:80店舗仕分)が、店別・部門別仕分(例:80店舗×8部門=640仕分)になる。

店別・部門別仕分になるに当り、ピース種蒔仕分設備を検討する。
① 種蒔き設備ピースソーターと計量検品カートの比較

ピースソーター設備の課題は、仕分はシュート数とパス回数による。上記のように640仕分するには、シュート数を100で変えないとすると、部門別に8パス(回)が必要になる。

計量検品カートでは、カート1台に4商品を同時に搭載して、間口にしている店別・部門別オリコンに直接商品を投入する。従って、店別部門別オリコン640間口×1回の仕分になる。

<表3-3-5>ピースソーターと計量検品カートの比較表

比較項目	ピースソーター	計量検品カート
仕分単位と設備制約	店別仕分には適する。基本は100シュート(200シュートも技術的には可能)であり、シュート数制約がある。部門別仕分をする為に、パス回数を増やせば可能である。	作業工程が、前処理と店別部門別仕分に分かれる。前処理はアイテム別仕分と検品である。間口は店別部門別に必要数用意する。間口数制約になる。
初期投資額(同一条件)	ピースソーター一式 120百万円	カートと間口一式 46百万円
必要面積	440坪	230坪
作業生産性	450本/人時	350本/人時

注. 作業生産性は、ピース投入からオリコン投入迄の作業の生産性をいう。

②GAS(Gate Assort System)による総量種蒔き方式

　計量検品カート方式に比べて、必要面積が70%(160坪)に縮小される。前処理作業、商品投入作業等が各々独立しており、作業員同士の作業が相互に妨げにならない。

　生産性は、計量検品カート方式とほぼ同じである。

　投資額は、計量検品カート方式よりも10～20%高い。但し、倉庫面積が70%になる。前頁の例では70坪減少するので、年間賃料は概算294万円低下する(70坪×3,500円/坪月×12ヶ月)。

③通販のピッキング

　通販は、EC通販を中心に近年急速に成長している。通販のピッキングは、データ量が少ない時は、シングルピッキングで納品先別に摘み取り方式でよかった。

　データが増えてくると、トータルピッキングでバッチ毎に商品の摘み取りを行い、納品先毎に種蒔することになる。

　納品先に複数アイテムの受注がある時、アイテムによっては保管するフロアやピッキングするフロアが違うことがある。納品先毎に商品をまとめて梱包することが求められるので、種蒔時に納品先毎に名寄せすることになる。設備としては、納品先別にまとめる為の種蒔設備（例 GAS）がいる。その上で伝票や販促物等を封入して梱包することになる。

(5) ピッキング方式の検討

　自社だけで物流の仕組みが完結していればよいが、卸売業や小売業では、他社の総量納品や店舗納品分を受け入れることがある。次頁の図は、その一端を図解したものである。いずれの場合も、摘み取り方式のみにするか、摘み取りと種蒔を2段階にするかの選択を迫られる。

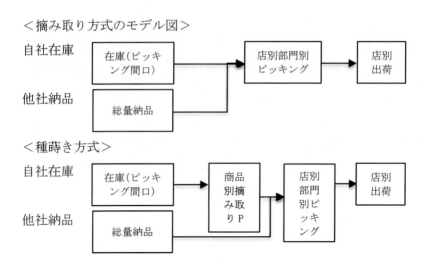

　在庫型物流センターの時、商品在庫があるので、顧客別部門別に商品を摘み取り方式にする方が、理にかなっているように見える。しかし、作業者間で作業の競合を起こす場合がある。例えば、ピッキング間口で待機が起き、生産性が悪くなる。

　一方、トータルピッキングは、商品別に摘み取りをして、顧客別部門別に種蒔をするので、同じ商品に2度手間をかけることになる。しかも、種蒔する場所と設備がいる。けれども、商品別に摘み取り、顧客別部門別に種蒔する方が合理的な場合がある。

　次頁の表は、摘み取り方式と種蒔き方式を比較するために、事例を設定して、計算式に置き換えたものである。

　摘み取り方式は、計画案通りであれば、作業時間は8時間である。ところが、生産性が計画比で60％になり、作業時間は1.7倍の13.3時間になった。

　種蒔方式は、ほぼ計画通りに稼働したので、作業時間は10.7時間であった。

<表3-3-2> ピッキング方式の検討比較表

	項目	顧客別摘み取り案	顧客別摘み取り実施
摘み取り方式	受注量	100,000 ピース(P)	同左
	生産性	250 ピース/人時	150 ピース/人時
	カート台数	50 台(人)	同左
	時速	250×50＝12,500P/時	150×50＝7,500P/時
	作業時間	100,000÷12,500＝8 時間	100,000÷7,500＝13.3 時間
	備考	生産性が、計画に対して実施では 60％になったので、作業時間が 1.7 倍になった。	
	項目	商品別摘み取り実施後→店別部門別種蒔実施	
種蒔方式	受注量	100,000 ピース(P)	-
	アイテム数	延 40,000SKU	-
	ヒット率	2.5 ピース(P)/SKU	-
	店別部門別数	-	200 店×6 部門＝1200 仕分
	生産性	400P/人時	350P/人時
	カート台数	50 台(人)	50 台(人)
	時速	400×50＝20,000P/時	350×50＝17,500P/時
	作業時間	100,000÷20,000＝5 時間	100,000÷17,500＝5.7 時間
	作業時間計	8 時間＜5＋5.7＝10.7 時間＜13.3 時間	
	備考	種蒔用場所と設備がいる	

　顧客別摘み取り方式の作業時間が、計画案 8 時間がやってみると 13.3 時間かかった。このことを 5 回「なぜなぜ問答」してみた。

A. なぜ摘み取り方式の生産性が悪くなったのか。

　ピッキング間口の配置が悪く、作業者がピッキング間口で待機している。

B. なぜピッキング間口の配置が悪いのか。

　よく出荷されるアイテムが同じエリアの同じ列に集中して配置されている。

C. なぜよく出る商品が同じ場所に保管されたか。

　その商品の取引先が遅れて納品し、同じ場所にまとめて保管した。

D. なぜよく出る商品を集中配置したのか。

　商品を ABC 分析して出荷順・列毎に配置する案ができていなかった。

E. なぜピッキング間口の配置を修正しようとしないのか。

　ピッキング作業に追われて、忙しいので、時間が取れない。

　摘み取り方式と種蒔方式の選択は、作業時間の合計が短い方を選ぶことになる。ピッキングを自動化すると、摘み取り方式の方がベターであろう。

(6) 保管やピッキングする時、どういう方式を選ぶか

　人手でやる方式と機械化を図る方式の違いで選択が分かれる。

＜表 3-3-6＞保管とピッキング方式

エリア、作業、管理方式		A 案	B 案
在庫	保管場所とピッキングエリア	ダブルトランザクション	保管場所とピッキング場所が同じ
	ロケーション管理	固定ロケーション	フリーロケーション
	在庫量と補充頻度	在庫量が多く、補充頻度が少ない	在庫量が少なく、補充頻度が多い
	在庫補充方式	定期不定量補充法	不定期不定量補充法
ピッキング		シングルピッキング	トータルピッキング
顧客別仕分		顧客別商品別に摘み取る方式	商品別に摘み取り、顧客別に種蒔する方式

注 1. 保管場所とピッキングエリアで、ダブルトランザクション方式を採用しても、ケースとピースのロケーション管理方式をそれぞれ変えられる。

注 2. 仕分レベルが店別仕分から店別部門別仕分になったように、将来どのような方式の仕分が求められるのだろうか。設備設計あるいは自動化の難しさは、将来が確定していないことにある。最小単位の仕分レベルを予め織り込んでおき、変化に対して対応できるように設計することである。

(7) 設備を実際に触ってみる

　物流センターで実際に使っている保管設備やピッキング設備の例を写真で掲載している。各設備のサイズ、設置面積や能力等の理論値をメーカー等の資料で調査する。これによって、設備の比較はできるようになる。

　大事なことは、導入予定の設備を実際に経験することである。少なくとも設備を見学して、自ら体験しておくことである。

　作業の中で繰り返す動作を例にして言えば、表示の見やすさがわかるだろう。完了ボタンをどの程度の力で押すのかがわかるだろう。

　カートを表示に従って、カートを実際に押してみることだ。動かしやすいかどうかが体感できる。

　設備に携わる従業員から、トラブル発生状況が聞けるかもしれない。物流の仕事は、多くは日次完結型になっている。もしも、設備のトラブルが発生すると、庫内作業は止まり、刻々と出荷時刻が迫ってくる。メーカーの保守を待てない状況かもしれない。安定稼働の重要性が骨身に染み渡るであろう。

　自動化設備の論点がわかるだろう。設備を開発する時、いろいろな着想を得ることができる。自動化設備は、見た目はシンプルだけれども、内容は想定次第により、複雑になったり、単純であったりする。

第3章　物流エンジニアリングの講義

２）入荷・保管・出荷のまとめ

(1)在庫型、総量納品型、店別通過型の概略機能フロー

　物流センターへの納品方式は、大別すると二つある。

　一つ目は、在庫型物流センター(DC)に対してである。メーカーが製品を生産し出荷している場合や、中間流通業が商品を調達し在庫する場合である。

　二つ目は、商品を通過させることを主目的にしている物流センターである。その一つが、店舗通過型(TCⅠ型)である。通称クロスドッキングと言われている。入荷した貨物を店舗別に仕分けし集約している。他には、総量納品型(TCⅡ型)がある。アイテム別に総量で納品されたものを店別部門別にピッキングし、仕分する方式である。

＜図3-3-10＞

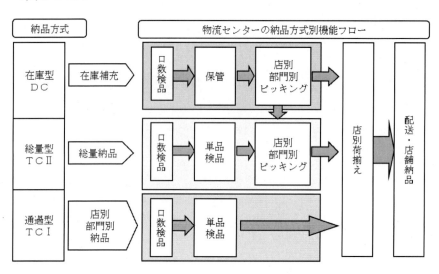

(2) 在庫型の機能フロー

　機能フローは、図 3-3-10 で概略を示しているが、在庫型に関して、更に詳細にした入荷から出荷迄の機能フローの例を示す。

＜図 3-3-11＞物流センター機能フロー（在庫型の例）

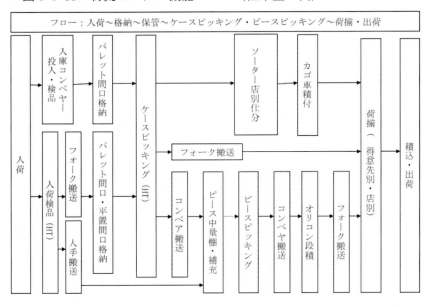

（3）物量収支表

　機能フローを「物量収支表」で検証すると良い。作業工程毎の物量収支は、同じ単位でみると、入庫量と出庫量はバランスする。機能フローに矛盾があれば気付かせてくれる。

＜図3-3-12＞物流センター物量収支表（例）

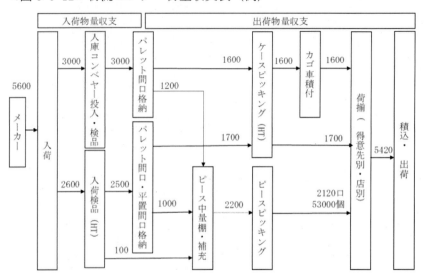

単位：ケース＝梱、ピース＝個、オリコン＝ロ、配送＝ロ（くち）

4. 物流関連産業と物流設備機器

目的に従っておれば、物流設備はどれでなくてはいけないということはない。どの物流方式であっても正解でありうる。取り扱う商品や顧客の考え方である。

物流を事業としてみた時に、品質や安全が万全ならば、利益を出していることであり、投資が利益に見合っていることである。

物流センターは、物流センターを稼働させている会社は勿論であるが、多くの産業、会社やその人々が関わっている。例を挙げれば
- 土地及び建屋は、建設会社、倉庫会社、不動産会社等
- マテハンやシステムは、マテハンメーカー、システムメーカー等
- 運営は、運送会社、倉庫会社、3PLや運営会社等と様々である。

(1) 物流設備やシステム機器区分
① 自動倉庫（パレット用、ケース・バケット用）
② 固定棚（重量棚(パレットラック)、中量棚、軽量棚）
　 流動棚(パレットフローラック、ケースフローラック)
　 回転棚（垂直式、水平式）
　 移動棚（電動式、手動式）
　 床置き（パレット、ネステナー、カゴ車）
③ パレタイザ／デパレタイザ
④ 垂直搬送機（パレット搬送用、ケース・ピース搬送用）
⑤ コンベヤ（パレット搬送用、ケース搬送用、ハンガー式）
⑥ 有軌道台車システム、無軌道台車システム、
　 天井走行台車、
⑦ ケースピッキング：ハンディターミナル(HT)、フォークリフトと

HT、自動ピッキング

⑧ピースピッキング：デジタルピッキング(DPS)、デジタルアソートシステム(DAS)、ハンディターミナル(HT)、計量検品カート、ゲートアソートシステム(GAS)

⑨仕分機（ケースソーター、ピースソーター）

⑩コンピュータ（ハード・ソフト）、WMS、アプリケーション

⑪その他：オリコン供給機、オリコン段積機、梱包機等

(2) フォークリフト等産業車両

　　リーチフォーク、ピッキングフォーク、ジュニアフォーク

(3) パレット

　　材質：木製、プラスチック製、金属製、シートパレット、紙製

　　サイズ：T11(1100×1100)、T12(1200×1000)、T13(1400×1100)等

(4) 倉庫

①建設：建設業

②倉庫賃貸借：倉庫業、不動産業、その他

(5) 運送業

　　陸運、鉄道、海運、空運

(6) 3PL(サード・パーティー・ロジスティクス)

　物流設備やシステム機器のメーカーは、第3章の参考文献に書かれている『物流・情報機器システム産業名鑑 2016年版』に掲載されている（最新年度版に更新されている）。設計する上で設備仕様や設備能力を参考にすることである。

　また、日本マテリアル・ハンドリング(MH)協会主催のセミナー「ロジスティクス・MH管理士講座」で設備等を解説している。

第3節　物流センターの機能と設備

5．物流設備機器の台数と距離

1）物流設備機器の設置台数
　目的によって運営方法や設備方式を考えて、レイアウトにすることで、エンジニアリングが目に見えるようになる。
　設備の設置台数は、作業工程別の物量と設備1台当りの生産性で決まる。例として、設備規模を検討するために、全作業工程で無線ハンディターミナル(HT)を使う例を取り上げる（表3-3-7 物流センター作業人時数と設備設置台数の例）。
①目的
　庫内作業フローの作業工程別物量と生産性に基づき、作業工程別作業人時数と設備の台数を算出する。
②物量と人員配置計画
　物量は、日別波動データを調査する。日別波動（ピーク時含む）に対応した人員配置計画を行う。
③標準人時生産性
　標準人時生産性は、作業達成レベルで、「上の下」若しくは「中の上」を想定している。ここでは、生産性という言葉に簡略化して使用している。
④設備台数
　設備台数は、ピーク時でも朝8時に作業開始し20時までに作業終了できる設備台数を想定する。また、ピーク係数は平均出荷量の2倍と仮定する。
　他の設備（例：フォークリフトの台数）でも、台数の算出という点では考え方は同じである。

<表 3-3-7> 物流センター作業人時数と設備設置台数の例

作業工程 (単位)	バッチ	物量	生産性(数/人時)	総人時数	人数	作業開始	作業終了
入荷(ロ)		5600	200	28	6	8:00	12:40
ケースピッキン(梱)	1	1200	150	8	3	9:00	11:40
	2	600	150	4	3	11:42	12:02
	3	1500	150	10	3	12:50	16:20
	計	3300		22			
ピースピッキング(個)	1	15000	500	30	15	9:00	11:00
	2	20000	500	40	15	11:00	14:40
	3	18000	500	36	15	13:40	16:04
	計	53000		106			
補充(梱)		2200	150	15	3	9:00	11:00
荷揃(ロ)	1	1800	120	15	5	9:00	12:00
	2	1400	120	11	5	12:00	14:12
	3	2220	120	18	5	13:30	17:06
	計	5420		44			

作業工程 (単位)	設備規模		
	設備名	規模計算	台数
入荷(ロ)	無線HT	28人時/日×2÷12h	5台
梱ピッキング(梱)	無線HT	22人時/日×2÷12h	5台
バラピッキング(個)	無線HT	106人時/日×2÷12h	18台
補充(梱)	無線HT	15人時/日×2÷12h	3台
荷揃(ロ)	無線HT	44人時/日×2÷12h	8台
台数合計			38台

注1. 各作業工程の生産性は所与とするので、総人時数＝物量÷生産性

注2. 設備規模計算：各工程でかかる総人時数×2倍係数（最大物量のピーク係数）÷運営可能時間（8時開始-20時終了12時間とする）

2）設置距離を伴う設備の設計

(1) コンベアの長さ

　コンベアは、商品の移動や運搬に力を発揮する。プロセス間を連結し、連続搬送ができる。搬送する能力は高い。但し、固定設置の為に、作業動線が切断される。設置には固定面積を必要とする。

　コンベアの仕様と単位をまとめると、次のようになる。

＜表 3-3-8＞コンベアの仕様と単位

仕様要素	単位
機種	
機長（コンベア1台の長さ）	mm
機幅（ベルト幅、ローラー幅）	mm
機高（床から搬送面までの高さ）	mm
ローラーピッチ	mm
速度	m/分
電動機（AC200V/3相）	kw
能力	ケース/分 ケース/時

　搬送能力は、次の関係による。「コンベアの速度、一定時間に搬送する数量(能力)、搬送物のピッチ」

下図は、1分間30ケース搬送する時の搬送ピッチの例を表している。

＜図 3-3-13＞コンベアの搬送能力 30ケース/分（速度 30m/分）

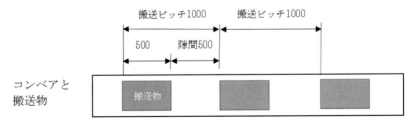

速度60ケース/分で搬送するコンベアもある。

<図3-3-14>コンベアとケースソーターの外観

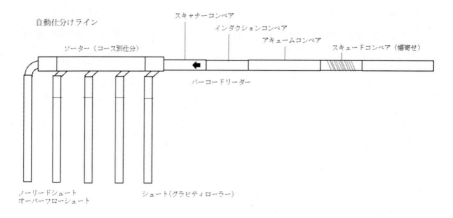

(2) ピースソーター

　ピースソーターは、ダイバー式、チルトトレー式、スライドシュー式、バスケット式、ハンガー式と各種ある。

　ケースソーターとの違いは、ピースソーターは、搬送コンベアがループ状で閉鎖されていることである。設置には、一定の面積が必要になる。

　ピースソーターの生産性は、基本的には、投入方法（インダクション）とシュート数に左右される。

3）物流設備の参考単価

設備の所要量がわかれば、概算見積額が算出できる。導入単価（参考価格）は、設置台数や設置距離に基づき、物流設備概算の費用を見積る時に使う。

例えば、11,300パレット保管できる自動倉庫の設備費は、下表より（単価8万円～12万円/パレット）×11,300パレット＝9億400万円～13億5,600万円になる。

同じ保管量でも、パレットラック方式にすると、（単価0.7万円～1万円/パレット）×11,300パレット＝7,910万円～1億1,300万円になる。

設備化の内容によって、かかる投資額が異なる。

<表3-3-9>

区分	マテハン設備		導入単価（万円）	単位
保管	パレットラック		0.7～1	パレット
	中量棚		2～3	台（間口）
	移動ラック	パレット	1.5～2	パレット
		ケース	0.7～1	ケース
	自動倉庫	パレット	8～12	パレット（棚）
		ケース	1～1.5	ケース（バケット）
搬送	搬送コンベア	パレット	80～120	モーター
		ケース	10～20	m
	フォークリフト	リーチ	150～250	台
		ピッキング	250～350	台
	無人車		1000～1500	台（システム含む）
仕分	ケースソーター		300～400	シュート
	ピースソーター		50～100	シュート

注．辻本方則氏「ロジスティクス・MH管理士講座」作成資料(2016/11/1)に基づく。導入単価はメーカーや仕様によって異なることがある。

第4節　店舗配送

1．配送コース作り

1）配送コース作り
　店舗に納品する為に、配送コース作りをする。配送コースと配送に必要な車両台数を算出する。配送コース作りには、配送の構成要素及び制約条件（車両の積載重量、納品指定時刻、運転手の就業時間等）を使う。

(1) 配送の構成要素
＜図3-4-1＞配送構成要素の概念図

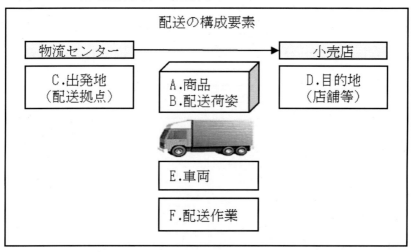

第4節　店舗配送

(2) 配送構成要素の説明

<図3-4-2>

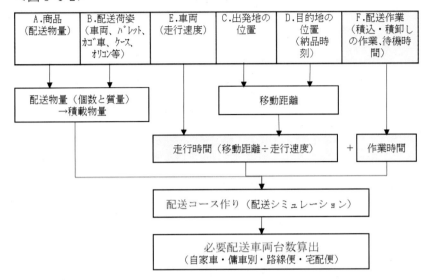

配送の構成要素	配送への反映
A.商品 ①どんな商品か ②一回に配送する量	①商品の数量、質量、容積と荷姿が、車両(積載重量、積載容積)と配送作業を決める。 ②1口質量約10 kg、オリコン50ℓ又は40ℓ
B.配送荷姿 ①パレット単位 ②カゴ車単位 ③ケース単位 ④オリコン単位	配送作業(積み込み・積降作業)の効率は、配送荷姿や容器(パレット、カゴ車等)の選択によって決まる。
C.出発地の位置 　配送拠点	・物流センター(配送拠点)と目的地によって距離が決まる。 ・複数の物流センターがある時、目的地に最も近い物流センターを選択する。 ・物流センターの荷揃面積と着床台数が積込作業の効率を決める。

第3章　物流エンジニアリングの講義

配送の構成要素	配送への反映
D. 目的地の位置 ①店舗や小売業物流センターの位置 　出発地から距離、 　店舗間の距離 ②納入可能な車両 ③納品指定時刻	①店舗や小売業物流センターの位置は、出発地からの距離と店舗間の距離を決める。 ②納品可能な車両の大きさが、1回に納品できる量を決める。 　店舗（地下街立地等）によっては特殊車両が必要である。 ③納品指定時刻は、配送時間の制約になる。 　指定納品時刻を回避するには、夜間納品がある（時速がアップし走行時間を短縮できる）。
E. 車両 ①積載質量、容積、 ②装備/パワーゲート車（PG）、 ③情報機器/GPS、配送情報端末	①車両の積載量と容積が、配送数量を決める。 　積載量は、重量勝ち商品と、容積勝ち商品の組み合わせで決まる。 ②装備で配送作業効率が決まる。 　カゴ車にはパワーゲート車が必要である。 ③情報機器が、運行状況を可視化でき、分析可能になる。
F. 配送作業 ①点呼・点検、配送指示 ②積込作業・積み降し作業 ③走行 ④伝票整理、日報作成	①車両点検は必ず行う。 配送指示は、ドライバーに的確に伝達する。 ②積込と積み降し作業は、作業の生産性次第で作業時間が決まる。 　客先の物流センターでの作業には積み降し（フォーク降し、手降し等）がある。 　物流センターに納品した時に発生する待機時間は記録しておく。後日、納品先の物流センターとの改善協議事項にする。 ③走行時間は、地域の走行平均時速により決まる。 ④日報は、配送情報システムから出力されるようにする。

2）配送シミュレーション
(1) 配送シミュレーションの目的
　配送シミュレーションの目的は、車両の積載効率と回転数を考慮して、最小の車両台数を算出することである。
　対象とする店舗が多数ある時は、「配送シミュレータ」で、シミュレーションすることが効率的かつ効果的である。参考にしているモデルは、2003年より使用している「配送デス」（住友電工システムソリューション製）である。
　最小の車両台数を算出する原則は、二つである。
・配送車両台数は有限だと決めておく。
・運行時間（就業時間が目安）を制約条件として、最小台数を決める。
　配送シミュレーションでは、制約条件を具体的に入力する必要がある。即ち、店の位置、納品指定時刻、車両条件、配送物量、滞店時間、走行速度である。
　配送コースに対する運行時間を評価して最適解を求める。

(2) 配送シミュレーション時の評価ロジック
　まず、走行時間と滞店時間の和を所要時間とする。

　　所要時間＝走行時間＋滞店時間・・・・・・・・・・・・（1式）

　次に、納品先の納品指定時刻の条件を満たすことと、稼動台数を最適（最小）にするために、いずれも時間換算値を設定しておく。店着遅れが発生する計画を最適解として出さないようにしておく。その為に、ペナルティを課している。

第3章　物流エンジニアリングの講義

　時間換算評価値は、納品指定時刻を守るために店着遅れに対するペナルティ（例：10分×遅れ時間の二乗）と、稼動台数を最小化するために時間換算値（例：1台当り9000分×台数）を加えたものとする。

　時間換算評価値＝店着遅れのペナルティ時間＋稼動台数最小化の時間換算値・・・・・・・・・・・・・・・・・・・・(2式)

　配送コースの評価時間は、1式と2式の和を求めることである。

　配送コースの評価時間＝所要時間＋時間換算評価値・・・(3式)

　評価時間の解が最小となる組み合わせを、コンピュータで試行錯誤させて探索する。

(3)配送シミュレーションのモデル
　配送経路評価ロジックにおける試行錯誤の過程を示す。モデルの設定は、配送店8店（A〜H）、配送物量340口、車両積載数3トン、滞店時間は一律30分とする。
　物流センター（拠点）と店舗の組み合わせが、制約条件のもとで変わる。

<図3-4-3>配送コースのシミュレーションモデル

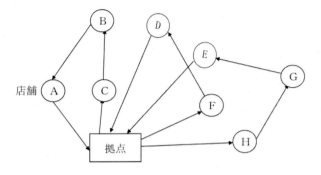

①初期解（解1）

初期解は、納品指定時刻の早い店を1店目（店舗C）として選び、近くの店（店舗A、B）を、組み合わせて作成する。

解1では、3台で配送する試算になる。

所要時間515分（走行時間275分、滞店時間240分）に、時間換算値27,000分（1台当り9000分×3台）を加算する。

評価時間は27,515分（所要時間515分＋時間換算値27,000分）になる。

②解2

店舗の入れ替えを行ってみる。仮に店舗Cと店舗Dを入れ替えてみる。この時も、3台で配送することは変わらない。

所要時間545分（走行時間305分、滞店時間240分）、時間換算値27,000分（9000分/台×3台）になるので、評価時間は27,545分になる。

初期解よりも悪化した結果になるので、再トライを行う。

③解3

　店舗Cと店舗Eを別車両で配送してみる。

　配送台数が2台になる。所要時間475分（走行時間235分、滞店時間240分）、時間換算値18,000分（9000分/台×2台）になる。評価時間は18,475分になり、この段階では最適解になる。

④更に組み合わせを変更する。

　解3よりも少ない評価時間がなければ、解3が最適解となる。

　このようにコンピュータ内で繰り返して、台数と時間が最小化することを繰り返す。一定の時間で試行錯誤を打ち切り、最適解とする。

　配送シミュレーションの良い点は、配送台数と配送時間の最小化にある。但し、配送コースが固定化していないために、納品先からすると、ドライバーが毎回入れ替わることになる。特に約束事をしている時に引き継ぎがうまくいかず、ドライバーと納品先との間で揉めることがある。事前に納品先への説明とドライバー教育は欠かせない。

2．トラックの運賃料金体系

1）運賃一般
(1) 運賃と料金
　運賃は、貨物輸送を依頼する時、あるいは人が乗り物に乗る時に払う費用である。特に、交通機関・タクシー等では、輸送距離に応じた料金をいう。例としては、「鉄道運賃」「運賃表」等である。

　料金は、物の利用・使用などに対して支払う金である。特に、交通機関・タクシー等では運賃以外の費用をいう。例としては、「特急料金」「タクシーの待ち料金」「料金後払い」等である。
（出所『スーパー大辞林』）

(2) トラック運送事業の種類
＜表3-4-2＞トラック運送事業の種類

トラック運送事業の種類		特徴	社数
貨物自動車運送事業	一般貨物自動車運送事業（一般事業者）	一般的なトラック運送事業。不特定多数の荷主企業や消費者に輸送サービスを提供する。	54,000社
	特別積み合せ運送	特別積み合せ運送の要件 ①起点及び終点の営業所又は荷扱い所において必要な仕分を行う。 ②集荷された貨物を定期的に運送する。 ③①及び②を自ら行う。	272社
	特定貨物自動車運送事業（特定事業者）	特定の荷主に対してだけサービスを行う事業。	約1,000社
	貨物軽自動車運送事業	軽自動車や二輪車による貨物運送をする事業。	13,000社

注．1990年の物流二法の施行前は、一般事業を「区域事業」、特積みを「路線事業」と呼んでいた。施行後は、「特積み」は、一般事業の一つの輸送方式と位置付けられた。

2）運賃料金の体系
(1) トラックの運賃・料金（1990年、2003年自由化）
　・「届出運賃」とする。
　・「事後届出制」とする。
　・原価計算書の添付が不要になる。
(2) 荷主と運送業者との個別折衝により運送契約が結ばれる
　運送契約の基本になるのは、6つの運賃体系である。
　　①貸し切り運賃　　　②積合せ運賃
　　③引越運賃　　　④特殊運賃（別建運賃）
　　⑤宅配便運賃　　⑥メール便運賃
(3) 貸し切り運賃
①貸し切り運賃は、車両を貸し切って行う運送に適用される。
　（通称：区域・地場）
②運賃の決定要素
　　車両の大きさと、
　　走行距離（距離制運賃）か、時間（時間制運賃）のいずれか。
③貸し切り運賃の構成
・距離制運賃率表（車種別、距離別）
　　→"貸し切りトラック運賃例"（表3-4-3）
・時間制運賃率表（車種別、種別/8時間制・4時間制）（表3-4-4）
・諸料金、運賃割増率、消費税に伴う運賃料金の加算、運賃料金適用方
・運賃の構成：運賃×割増・割引＋料金＋実費＝収受金計

第4節　店舗配送

<表3-4-3>貸し切りトラック運賃例（関東地区）/距離制運賃

基準運賃（単位：円）

距離制運賃（関東地区の場合）	車種	2トン車		4トン車		8トン車		10トン車	
	距離	上限	下限	上限	下限	上限	下限	上限	下限
	10km	8,140	5,420	11,050	7,370				
	50km	19,450	12,870	22,180	14,780	30,410	20,270	33,790	22,530
	100km	30,120	20,080	34,320	22,880	47,090	31,390	52,020	34,680
	200km	43,270	28,850	49,390	32,930	67,740	45,160	75,320	50,220
	200kmを超え500km迄20kmを増す毎に	2,320	1,540	2,640	1,780	3,640	2,420	4,040	2,700
	500kmを超え50kmを増す毎に	5,820	3,880	6,640	4,420	9,080	6,040	10,100	6,740

<表3-4-4>「貸し切りトラック運賃例(関東地区)/時間制運賃」

基準運賃（単位：円）

時間制運賃（関東地区の場合）		車種	2トン車		4トン車		8トン車		10トン車	
		種別	上限	下限	上限	下限	上限	下限	上限	下限
	基礎額	8時間制	走行キロ 3t車迄80km 3t車を超えるもの100km	28,440	18,960	33,520	22,340	43,560	29,040	47,600	31,740
		4時間制	走行キロ 3t車迄40km 3t車を超えるもの50km	16,940	11,300	20,110	13,410	25,420	16,940	27,850	18,570

注1.時間及び走行キロが超過した場合は、超過運賃が加算される。

注2.距離制運賃・時間制運賃とも、輸送品目により割増がある。

注3.運賃距離総額に消費税を加算する。

注4.貸し切りトラックの時間制運賃における「時間」とは、貨物の積込み出発地から荷卸し到着地までの時間が適用される。

(4)積合せ運賃
①積合せ運賃は、1台のトラックに複数の荷主の貨物を混載して運ぶ積合せ運送に適用する。貨物の質量と距離（路線キロ程表）によって決められる。
②特別積合せ運送は、不特定多数の荷主の貨物を混載している点で積合せと同じであるが、発着一貫した輸送をする輸送形態である。宅配便はこのカテゴリーに分類される。単に特別積合せあるいは特積みと呼ぶことが多い。運賃体系は積合せ運賃を適用する。
③積合せ運賃の構成
・基準運賃率表（質量別、距離別）→ 表3-4-5参照
・割増率表、諸料金、消費税に伴う運賃料金の加算
・運賃料金適用方、容積・キログラム換算表
・大手特別積合せ事業者：ロールボックスパレット（通称カゴ車）単位の地帯別積合せ運賃

＜表3-4-5＞積合せトラック運賃例　　　　　基準運賃（単位：円）

| 質量 | 30kg | | 100kg | | 500kg | | 1000kg | | 1tを超え100kg迄毎に | | | |
| | | | | | | | | | 1tを超え4t迄 | | 4tを超える | |
距離	上限	下限	上限	下限	上限	下限	上限	下限	上限	下限	上限	下限
50km	1,250	830	1,900	1,260	5,840	3,900	10,940	7,300	646	430	316	210
100km	1,270	850	1,970	1,310	6,380	4,260	12,070	8,050	814	542	385	257
200km	1,340	900	2,280	1,520	7,850	5,230	15,190	10,130	1,256	838	580	386
500km	1,460	980	3,060	2,040	11,840	7,900	22,340	15,560	2,152	1,434	1,320	880
1000km	1,790	1,190	4,280	2,860	18,320	12,220	36,540	24,360	3,514	2,342	2,562	1,708
1000kmを超え100km迄毎の加算金額	55	37	244	162	1,285	857	2,641	1,761	271	181	244	162

注1．質量は、実質量または容積換算質量（1 m^3＝280kgで換算したもの）の、いずれか大きい方による。
注2．品目により2割増・10割増（貴重品・火薬類など）がある。
注3．運賃料金総額に消費税を加算する（外税）。

3）運送会社との間で結ぶ契約方式

　契約方式には、個建契約方式（積合せ、路線便扱い）、料率契約方式、車建契約方式（月極、日建、貸切扱い）、一運行契約方式、宅配等各種ある。

①個建契約方式は、距離及び質量毎に1口当り単価を決めて、それに対して配送した物量を掛けた額を支払う方式である。

・料率契約方式は、通過金額に対して一定料率を掛けて出す方式である。

②車建契約方式（月極、日建）は、貸し切り扱いになり、1ヶ月あるいは1日当りの定額を決めて支払う方式である。

③一運行契約方式は、1運行毎の単価を決めて、それに対して配送した回数を掛けた額を支払う方式である。

④どの方式を選ぶかは、安全運転ができ、商品の荷痛みがなく、顧客との約束を守れて、配送費が安いかにある。

　肝心なことは、配送の品質管理上、渡す側と渡される側との間（庫内とドライバー、ドライバーと店舗）で配送口数の確認ができることである。次に、多くの物量をいかに少ない車両で運ぶかを考える配車係りがいることである。

3．配送費の試算

　配送先の店舗の条件に従い、配送コースを作り、配送台数や運賃を試算する。物流センターから一定範囲の店舗納品となる為に、自車若しくは定常傭車の距離制（若しくは時間制）をベースにした運賃になる。物流センターから例外的に遠い店舗は、路線便の取り扱いになることがある。

(1)配送車両の原価

　配送原価は、下表のような費用科目で構成されている。車両1台当たりの配送費は、ほぼ固定費であり、変動費は、走行によって発生する燃料費である。従って、配送活動があるなしに関わらず、車両があり、ドライバーがいる限り、定額の費用が発生する。

＜表3-4-6＞配送原価

	費用の内容		固定費	変動費	構成比
配送原価	人件費		○		59%
	車両費	減価償却費	○		20%
		税金	○		1%
		保険料	○		2%
		燃料費		○	6%
		修繕費等	○		2%
	一般管理費		○		10%
	合計				100%

(2)月極・日建運賃

配送原価の性格上、車両は稼働してもしなくても費用は約94％発生する（表3-4-6）。配送車積載量毎の月極運賃や日建運賃が下表の通りであるとする。

配送費を下げるコツは、待機時間を削減して、車両を稼働させることにある。また、大型車でまとめて配送（大量輸送）し、1日当りの回転数を上げれば、配送単価は下げられる。

＜表3-4-7＞積載重量別月極・日建運賃

車両積載量		2トン車	4トン車	10トン車
1回当り最大積載量 （10kg/口として）		200口/ 台・回	400口/台・回	1000口/ 台・回
月極運賃		55万円	58万円	68万円
原価内訳	人件費	32万円	34万円	40万円
	車両費	17万円	18万円	21万円
	経費	6万円	6万円	7万円
日建運賃(20日稼働/月)		2.8万円	2.9万円	3.4万円

＜図3-4-4＞配送費の基になる配送モデル図

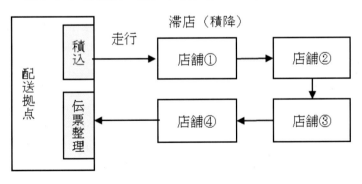

第3章　物流エンジニアリングの講義

(3) 配送費の時間換算

配送費は、時間に置き換えて検討できる。配送費を考える基になる時間は次の通りである。

　　配送時間＝積込時間＋走行時間＋滞店（積降）時間＋伝票整理時間

　　積込時間＝1口当り積込時間×配送口数
　　走行時間＝走行距離÷走行時速
　　（走行時速目安：都市部12～20ｋm/時、地方部20～40ｋm/時）
　　滞店（積降）時間＝1口当り積降時間×配送口数
　　　（待機時間を含む）
　　点呼や伝票整理等時間＝固定時間
　　　　　　　　（出発前点呼・車両点検、帰社後伝票整理時間等）

つまり、1日の就業時間内に、どれ位の配送先数と物量を運ぶことができるかである。

(4) 1日に運ぶ配送量

配送費は、1日に運ぶ配送量次第である。1日に運ぶ配送量は、1台当りの積載率と車両の回転率によって決まる。

まず、車両に積める積載量は、質量と容積によって決まる。質量は、車両毎の最大積載量で規制されている。

次に、就業時間内で何回転するかで、1日当りの配送量が決まる。例えば、2ｔ車（200口）積載率100％で1回転/日の時は、200口/日である。積載率60％で2回転/日の時は、240口/日である。

(5) 月当りの配送量

月当りの配送量を考える時、車両の稼働率が決め手になる。1ヶ月30日に対して、車両は何日稼働するかである。物流センターの稼働に合わせて25日稼働が多い。

＜演習1＞

2トン車（最大積載量200口）を日建運賃22千円で運行する。1日に運ぶ物量により、1口当り配送費がどのように変わるか。

1日当りの配送量(口)	200	150	100	50	20	1
1日当りの配送費(円)						

【解】

1日当りの配送量(口)	200	150	100	50	20	1
1日当りの配送費(円)	110	147	220	440	1100	22000

演習1は、少量の配送は、路線便を使用する方が経済的であることを示す。日建運賃が決まっている時、1口当り配送費を安くするには、1台にまとめて配送することである。

店舗から見ると、取引先別の車両で納品するより、店舗に一括して1台で納品する意味はここにある。

＜演習2＞

路線便1口370円とすると、2トン車を使っている運送会社は、1日1台当りいくつ運ぶことが採算ベースか。

【解】

日建運賃22,000円÷370円/口≒60口/日以上

第3章 物流エンジニアリングの講義

<演習3>

車両積載量毎に積載率毎及び回転数毎の配送単価を求めなさい。

車両積載量		2トン車	4トン車	10トン車	2トン車	4トン車	10トン車
日建運賃		22千円	23千円	27千円	22千円	23千円	27千円
積載率		積載率100%			積載率60%		
1日 1回転	口数	200口	400口	1000口	120口	240口	600口
	単価						
1日 2回転	口数	400口	800口	2000口	240口	480口	1200口
	単価						

　この演習の意味は、車両1台当りの積載率と回転率を検討することで、配送単価はいくらになるかにある。

　大型車で納品できる物流センターでは、1回当り満載で輸送し、1日に何回転もすれば、配送単価は下げられる。

　通販のように個人宅に納品する事業では、納品箇所の都合上、積載量の小さい車で配送回転数を上げて、少量を配送しても採算が取れる仕組みがいる。

【解】

車両積載量		2t車	4t車	10t車	2t車	4t車	10t車
積載率		100%			60%		
1日 1回転	単価	110円	57.5円	27円	183.3円	95.8円	45円
1日 2回転	単価	55円	28.8円	13.5円	91.7円	47.9円	22.5円

<演習4>

1日当り1,000口の物量を運ぶとする。車種別に1日当りに必要な台数と配送費を求めなさい。

車種	2トン車	4トン車	10トン車
1日当り原価	2.2万円	2.3万円	2.7万円
積載量	200口	400口	1,000口
1日当り必要台数			
1日当り配送費			

この演習の大事な点は、物流センター納品するように大量な物量を運ぶ時に、車両の選択を間違えないことである。2トン車の1台当り日建運賃が安いからと言って、2トン車を選択するようでは、反って高くつく。

【解】

車種	2トン車	4トン車	10トン車
1日当り必要台数	5台	3台	1台
1日当り配送費	11.0万円	6.9万円	2.7万円

第3章 物流エンジニアリングの講義

＜演習5＞

　店舗毎の各店配送と物流センター納品では、配送のやり方が違う。各店配送は、小型トラックで店舗毎に少量の配送（例：10口/店）になる。配送コース作りが要になる。

　物流センター納品は、大型車で多量の配送になる。

	項目	各店舗配送	物流センター納品
前提条件	配送車	2トン車	10トン車
	配送店数	20店	1か所
	配送口数	200口	700口
	配送対象店舗の配送距離	100km	往復40km
	平均時速	20km/h	同左
	作業内容	ケース毎の手積み、手降し	パレット又はカゴ車での積み込み、積み降ろし
	積込・積卸の1口作業時間	20秒/口	パレット：1分/パレット(PL) カゴ車：2分/カゴ車(CG)
	待機時間	ほとんどない	約0.5〜2.5時間
運行時間	積込時間	20秒/口×200口＝1.1H	1分/PL×16PL＝16分 2分/CG×24CG＝48分
	走行時間	100km÷20km/h＝5.0H	40km÷20km/h＝2.0H
	滞店（積卸）時間	20秒/口×200口＝1.1H	1分/PL×16PL＝16分 2分/CG×24CG＝48分
	伝票整理時間	0.4H	0.4H
	計	7.6H	3.0H〜4.0H （待機時間参入せず）
	配送単価	110円/口	38.6円/口

<演習6>

　ドライバーの就業時間と車両の積載量が、1日の配送店数を決める。

　仮設1は、2トン車を使用している。車両積載能力によって就業時間内であっても、配送口数が決まるケースである。

　仮設2は、4トン車を使用している。就業時間制約によって積載量に余裕があっても、配送口数が決まるケースである。

	項目	仮説1(2トン車使用)	仮説2(4トン車使用)
前提条件	配送店数	20店	25店
	車両の最大積載量	200口	400口
	配送口数	200口＝最大積載量	300口＜最大積載量
	配送対象店舗の配送距離	100km	125km
	平均時速	30km/h	同左
	積込・積卸の1口作業時間	20秒/口	同左
運行時間	積込時間	20秒/口×200口＝1.1H	20秒/口×300口＝1.7H
	走行時間	100km÷30km/h＝3.3H	125km÷30km/h＝4.2H
	滞店（積卸）時間	20秒/口×200口＝1.1H	20秒/口×300口＝1.7H
	伝票整理時間	0.4H	0.4H
	計	5.9H	8.0H

第5節　運営計画

1．作業計画

(1)計画によるマネジメント

　マネジメントは、将来を計画し、組織を通じて、成果を出すことである。物流作業は、実行する物量を自ら決められない。物量が多いことを想定して、人も車も抱えることになりがちである。だからこそ、「計画によるマネジメント」により、物量を予測して物流作業を組織ぐるみで実行する。

「計画によるマネジメント」とは、次の項目を指す。

計画系：①日別物量予測
　　　　②日別作業計画立案
　　　　　（バッチ構成表を含む）
　　　　③人員配置・配車計画
　　　　　勤務計画立案（1ヶ月先行）
　　　　④作業計画表（日次〜月次）
実行系：①朝1番に当日の物量確認と作業計画の見直し
　　　　　（当日中に確定受注が何度か追加されるので、都度、見直しは必要である）
　　　　②作業指示
　　　　③作業計画に対する作業進捗管理
評価系：日次決算
　　　　　（予実算差異分析、作業生産性分析）
改善系：作業の制約工程改善

<図 3-5-1>計画によるマネジメント

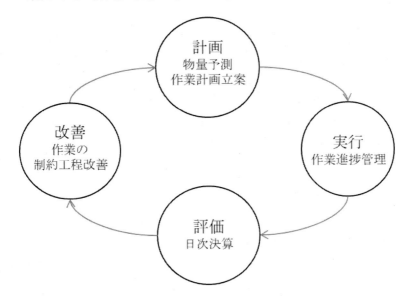

(2)作業計画

物量予測に基づいて作業計画を作成する。「作業計画表」を作成する時の要領は、次の通りである。

① 作業計画を組むに当り、「作業工程」を定義する。
　（作業工程は、第3章第1節で定義しているとする。）
②作業工程別に見合った物量単位で物量を予測する。
③作業工程別に標準人時生産性を設定する。
④作業工程別に総人時（予測物量÷標準人時生産性）を算出する。
総人時を人数と時間に分解する時は、「人数」を決めて「所要時間」で調整する。
⑤作業開始時刻を決める。所要時間によって終了時刻は決まる。
⑥時間帯別作業者数を記載する。

第3章 物流エンジニアリングの講義

＜表3-5-1＞作業計画表の例

作業工程 (単位)	予測 物量	生産性	総人時	人数	所要時間	作業開始時刻	作業終了時刻	時間帯別作業者数				略
								8時	9時	10時	11時	
入荷検品 (ケース)	20,000	1200	17	4	4.25	8:00	13:15	4	4	4	4	
格納 (ケース)	20,000	400	50	10	5.00	9:00	15:00		10	10	10	
ケース出庫 (ケース)	15,005	110	137	18	7.61	8:00	16:37	18	18	18	18	
補充出庫 (ケース)	2000	60	33	10	3.30	16:00	19:18					
ピース出庫 (ピース)	150,000	350	429	55	7.80	8:00	16:48	22	32	32	32	
①	②	③	④			⑤		⑥				

作成上の注意点 1.所要時間は、休憩を除く。

2.作業終了時刻には、休憩を含む。

3.時間帯別作業者数の12時以降は省略する。

4.最下段の番号①②等は、前頁の説明文に対応する。

＜表3-5-2＞標準人時生産性の例

工程分類		作業工程	条件	標準人時生産性
在庫型	入荷	入荷口数検品		300口/人時
		HT単品検品	ピース全数検品 ピース比率20%	50口/人時
	格納			100口/人時
	ピッキング	ケースピッキング		100梱/人時
		ピースピッキング		300個/人時
	品質	間口確認		120間口/人時
店別通過型 (TCⅠ型)		入荷口数検品		400口/人時
		HT全数検品	食品	1500個/人時
			雑貨	750個/人時
			化粧品	450個/人時
		店別仕分		400口/人時

第5節　運営計画

(3) バッチ構成表

汎用型の物流センターの時、作業計画を組むに当り「バッチ構成表」を組む。バッチ構成表は、顧客別に出荷作業の計画や運営する上で、必ず作成する表である。

顧客の専用物流センターの時、顧客が単独である為に、バッチ計画表は不要になる。作業計画表で十分である。

バッチ構成表を作成する時、顧客別の日別（曜日別）・バッチ別予測物量に基づく。バッチ起動開始時刻から出発時刻までが庫内作業完了時間である。バッチを組むには、要件が似た顧客をまとめて実行した方が効果は大きくなる。

作業計画表は、バッチ構成表が計画され実行されると、効果を発揮する。なぜなら、同じ条件で、設備、システムや組織運営等の仕組みを動かせるようになるからである。

＜表3-5-3＞バッチ構成表の例

受信時刻	バッチ起動時刻	バッチ(得意先)	物量		出発時刻	到着時刻	得意先の場所	
			ケース(梱)	ピース(個)			住所	距離
6:00	8:00	SA	200	3000	13:30	15:30	所沢	50
7:00		IY	600	8000	13:30	14:30	沼南	25
7:00		SE	400	4000	14:00	16:00	立川	48
8:00	10:00	RO	400	8000	15:00	17:00	四街道	55
9:30		TO	200	12000	16:30	17:00	扇島	15
10:30	12:00	MK	800	10000	翌日7:30	翌日9:00	吉川	30
11:00		BA	300	5000	翌日8:00	翌日11:00	青梅	90
11:30		HU	400	3000	翌日8:00	翌日15:00迄	各店配送	-

注1．上記は、トータルピッキングで3回バッチ処理をした記入例である。
注2．得意先の納品箇所の住所は、別紙明細を添付する。

<表3-5-4>物流センター運営スケジュールの例

作業工程別・バッチ別に作業計画を作成している例である。

作業工程(単位)	バッチ	物量	生産性	総人時数	人数	作業時間 開始時刻	作業時間 終了時刻		
入荷(ロ)		5600	200	28	6	8:00	12:40		
受信									
梱ピッキング(梱)	1	1200	150	8	3	9:00	11:40		
	2	600	150	4	3	11:42	12:02		
	3	1500	150	10	3	12:50	16:20		
	計	3300		22					
ピースピッキング(個)	1	15000	500	30	15	9:00	11:00		
	2	20000	500	40	15	11:00	14:40		
	3	18000	500	36	15	13:40	16:04		
	計	53000		106					
補充(梱)		2200	150	15		9:00	11:00		
荷揃(ロ)	1	1800	120	15	5	9:00	12:00		
	2	1400	120	11	5	12:00	14:12		
	3	2220	120	18	5	13:30	17:06		
	計	5420		44					

時間帯別人数		8時	9時	10時	11時	12時	13時	14時	15時	16時
入荷(ロ)		6	6	6	6	6				
受信										
梱ピッキング(梱)	1	★	★ 3	3	3					
	2				3	3				
	3					3	3	3	3	3
	計		3	3	3	3	3	3	3	
ピースピッキング(個)	1		15	15						
	2				15	15	15	15		
	3						15	15	15	
	計		15	15	15	15	15	15	15	
補充(梱)			3	3	3					
荷揃(ロ)	1		5	5	5					
	2					5	5			
	3						5	5	5	5
	計		5	5	5	5	5	5	5	5
人数合計		9	32	32	32	32	23	23	23	8

2．生産性

1）生産性

　生産性は、OUTPUT（算出）／INPUT（投入）の関係を表す指標である。生産性は、作業者一人が一定作業時間当りで生み出される成果を指標化したものである。

計算式

$$作業生産性 = \frac{OUTPUT \quad 生産量又は付加価値}{INPUT \quad 作業投入量（作業者数×作業時間）}$$

生産性を上げるには、分母を下げ、分子を上げることである。

＜表3-5-5＞生産性の向上とは

分子 ↗	物量を増やす
分母 ↘	総人時（人数×時間）を減らす
	人数を減らす
	時間を減らす

注．「働き方改革」は、少子化対策として産声を上げたが、生産性を上げることである。働く時間に焦点を当てている。

<表3-5-6>庫内作業と配送の労働時間定義

労働時間	時間内訳			
拘束時間 (出社～退社)	就業時間＋休憩時間（9時間/日）			休憩時間 (1時間/日)
就業時間	就業時間（8時間/日）			
	作業時間＋待機時間			
	作業時間 (例：7時間/日)	待機時間 (例：1時間/日) ・作業の手待ち ・ミーティング ・朝礼・昼礼・夕礼 ・研修 ・清掃等		

　上記の表を計算式に置き換えると次のようになる。
拘束時間9.0時間＝就業時間8.0時間＋休憩時間1.0時間
就業時間8.0時間＝作業時間7.0時間＋待機時間1.0時間
　生産性把握には、労働時間の詳細の把握が不可欠である。労働時間を把握するのは、テイラーの「科学的管理法(1911年)」以降の伝統である。AI(人工知能)化や自動化は、人が働くとはどういうことか、あるいは、働いている労働時間のことを問い返している。

2）庫内作業費と生産性
　庫内作業費と人数・時間の関係式は、次の通りである。
庫内作業費（雑給）＝時給×総人時
　　（例：1,300円/人時×180人時/日＝234,000円/日）
総人時＝人数×時間
　　（例：20人×9時間/日＝180人時/日）
作業人時生産性＝物量÷（人数×作業時間）
人の稼働率＝作業時間÷就業時間
就業人時生産性＝作業人時生産性×人の稼働率

第5節　運営計画

【例題1】作業対象となる物量は5,000ピースである。ピースピッキング作業を朝8時に開始し、午前12時に完了する計画である。作業人時生産性が250ピース/人時である時、次の設問に答えよ。

A. 作業は、何時間かかるか。

　【解】終了時刻12時－開始時刻8時＝作業時間4時間

B. 1時間に何ピース作業をすればよいか。

　【解】5,000ピース÷4時間＝1,250ピース/時間

C. 作業員は、何人必要か。

　【解】1,250ピース/時間÷250ピース/人時＝5人

D. もしも作業員が8人いるとしたら、何時間で作業は終了するか。

　【解】5,000ピース÷(250ピース/人時×8人)＝2.5時間

E. 作業員が8人いるとして、物量5,000ピース、朝8時開始、12時終了する時の作業生産性は、いくつか。

　【解】5,000ピース÷(8人×4時間)≒156.3ピース/人時

F. 作業人時生産性250ピース/人時と作業人時生産性156.3ピース/人時の違いはなにか。

　【解】作業人時生産性の違いは、作業員が5人と8人の違いによる。標準作業生産性に比して、後者は人員の過剰投入と言える。

【例題2】庫内作業費を削減するのは、総人時を少なくすることである。同じ物量を作業する時、総人時を少なくするには、どうすれば良いのか。

【解】作業人時生産性及び人の稼働率を上げる。
　　　若しくは、人数及び時間を減らす。

3）輸配送費と生産性

①車両の稼働

　　配送費＝1台1ケ月の固定費（車両費）×台数
配送している台数が適切かどうかは、1台当りの配送量を見る。
　　配送量/台日＝積載量/台回×配送回転数/日
　　就業時間は、積込時間、走行時間、滞店時間（待機時間を含む）、伝票整理・報告時間とする。
　　作業時間は、走行時間と滞店時間（待機時間除く）とする。
　　車の稼働率＝作業時間÷就業時間
　　　　　　　＝作業時間÷（作業時間＋待機時間）

　待機時間を含めた間接時間が長いことに気づくであろう。ドライバー不足が言われているが、待機時間をゼロ化して、車が走行できるようにすると、大幅な車両削減が可能である。

②車両の生産性

　　作業台時生産性＝物量÷（作業時間×台数）
　　就業台時生産性＝物量÷（就業時間×台数）
　　就業台時生産性＝作業台時生産性×車の稼働率

$$= \frac{物量}{就業時間 \times 台数} \times \frac{作業時間 \times 台数}{作業時間 \times 台数}$$

$$= \frac{物量}{作業時間 \times 台数} \times \frac{作業時間 \times 台数}{就業時間 \times 台数}$$

4）生産性向上の手法Ⅰ

(1) 物量を増やす

生産性向上の基本は、第一に物量を増やすことである。

①庫内作業単位毎の大量化

物量が増えなくて1日当りの物量が変わらない時、庫内作業の作業単位当りの物量を大きくすると、作業効率は上がる。

作業量＝ピッキング単位当りの物量×ピッキング回数（頻度）

生産性＝生産量÷作業人数

②車両大型化

輸送車両を大型化して多くの物量を運ぶと、1単位（1回）当りの配送原価は下げられる。

1単位当りの配送原価＝積載量別日建運賃÷配送口数

(2) 人時を減らす

生産性向上の基本は、第二に人時数を減らすことである。その為に移動距離の短縮や作業動作時間の短縮等による作業時間短縮や人数の削減がある。

①移動距離の短縮化（直通化・短絡化）

・作業には、どこからどこへ（From-To）という移動がある。
移動距離が短いと、移動時間は短縮する。

時間＝距離÷時速

・多く出荷される商品のピッキング間口を、荷揃え場近くに配置すると、移動距離は短くなる。

延べ移動距離＝ピッキング頻度×ピッキング頻度別距離

<図 3-5-2>

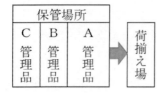

（月1回のメンテナンスが必要）

・荷揃え場は作業単位（ケース系・ピース系）毎にまとめると、移動距離は短くなる。

<図 3-5-3>

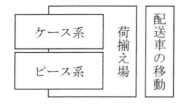

②作業動作の短縮化（作業動作標準化）

　個人作業の生産性は、開設当初、個人差が大きい。独り立ちには時間と費用が掛かる。だから、作業工程毎の作業動作は、標準化して、マニュアル化する。マニュアルは映像化すると作業者に伝えやすくなる。そして訓練する。AR(拡張現実)等の支援ではない。

<表 3-5-7>作業動作標準化の例

　初期の平均生産性は、441ピース/人時であった。3ヶ月後の平均生産性は、571ピース/人時になった。

生産性 （ピース/人時）	200	300	400	500	600	700	800	900	計	生産性
初期の人数	20人	30人	50人	30人	20人	10人	10人	0	170人	441
3ヶ月の人数	0	0	30人	60人	40人	20人	10人	10人	170人	571

③作業の一貫性（商品に触らない工夫）
・ユニットロード（パレット等）により作業の効率化を図る。
　　ケース単位：　作業回数多頻度×単位当り作業時間が長い
　　パレット単位：作業回数少頻度×単位当り作業時間が短い
・商品の接触回数を減らすために、作業工程を減らす。
　　　例：商品に指紋をつけない工程改善
④連続性（待機時間ゼロ化）
・作業工程間を連続化して、待機時間をゼロ化する

(3) ピッキング作業時間を改善する例
　ピッキング作業時間は、作業に取り掛かる準備や後片付け等の時間、ピッキングの時間、移動の時間の和である（下図参照）。どの作業工程の時間を削減すればよいかを問うたのが次頁の設問である。

＜図 3-5-4＞物流費分析ツリー

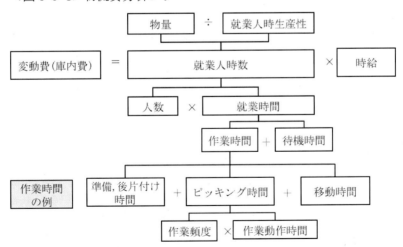

第3章 物流エンジニアリングの講義

【設問】ピースピッキングに使用している計量検品カート(CMS)について、現状掛かっている作業時間と目標としている作業時間を作業工程別に比較している。改善すべきことは何か。

作業工程	1日当り物量	現状		目標		目標と現状の1単位当り差(秒)
		1日当り作業時間	1単位当り作業時間(秒)	1日当り作業時間	1単位当り作業時間(秒)	
準備作業	3,778オリコン	37.6H	35.8S	26.3H	25.1S	△10.7S
移動	945延カート	107.1H	358.9S	75.1H	286.1S	△72.8S
ピッキング	80,233ピース	95.8H	4.3S	66.9H	3.0S	△1.3S
後片付け	3,778オリコン	42.5H	40.5S	29.7H	28.3S	△12.2S
作業時間		283.0H		198.0H		△85H
作業生産性		284ピース/人時		405ピース/人時		121ピース/人時
カート1台当り時間			17.2分		12.6分	

現状：カート1台当り時間 17.2分(1029秒)

　　　・準備 35.8秒/オリコン×4オリコン/カート＝143秒
　　　・移動 359秒
　　　・ピッキング 4.3秒/P×21.2P/オリ×4オリ/カート＝365秒
　　　・後片付け 40.5秒/オリコン×4オリコン/カート＝162秒

目標：カート1台当り時間 17.2分を12.6分にする

【解】改善ポイント

①オリコン準備作業の改善
②移動時間の短縮（商品配置との関係）
③ピッキング作業改善と作業環境改善
　（中量棚上商品取り降し、棚に商品がない為の緊急補充削減等）
④オリコン後片付けと商品保護作業の改善

(4) 入荷の課題と改善の例
①課題「納入日の指示はしても、納入時刻は指定していない」
②問題点：入荷待ち時間の発生（ドライバーの待機時間）
A. 入荷時間が午前中である。
B. 納入のピークに合わせたトラック入荷バース、入荷スペースの確保が必要である。
C. 入荷したモノの仮置きが発生する。
D. 朝一番に入荷した商品が保管場所に最後に入庫されることがある。従って在庫計上が遅れる。
E. 入庫設備能力を入荷ピークに合わせる必要がある。
F. 入荷・入庫作業の進捗がわからない。
③改善
・入荷できる時間帯を午前のみから1日に拡大する。
・入荷便毎に納入時間帯を設定する。
・入荷車が到着した時刻と出発した時刻、及び内訳の時間を見える化する。
・入荷の都度、在庫計上する。在庫計上・出荷の原則は、当日在庫計上・翌日出荷である。在庫マスター上、すぐに出荷できる在庫とそうではない在庫に区分できるようにする。
④結果
　問題点にしたことが、改善により次のような結果になる。
A. 入荷時間を1日に拡大することで、B,C,D,E.Fにつながる。
B. 大幅に減少する。
C. 大幅に減少する。
D. 入庫遅れがゼロ化した。在庫計上の遅れがなくなる。
E. 入庫設備が大幅に減少する。

F. 作業の進捗がわかる。適正人員で作業ができる。

5）生産性向上の手法Ⅱ
①制約条件の発見
　作業の制約条件を発見して、解除する。言い換えると、全ライン・バランスを良くすることである。
②現場を見る時の視点
・作業を一番遅らせている作業工程がどこかを探す（制約作業工程発見）。
・何がその工程を遅くしているのか追究する。
・その制約を解く。
③解決したら、次に制約になっている工程を見つけて改善する。
　全体の工程が、同期化して動くようにすると、通過物量が上がる。生産性も良くなる。

④制約工程の例

A．制約工程があり、待機時間になる。

＜図 3-5-5＞制約工程の例

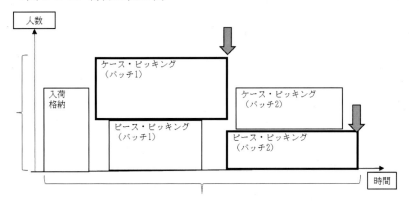

B．制約工程の改善は、人数又は作業時間の改善になる。

　A の人時数が、B の人時数になり、人時数が減少して、生産性は上がる。

＜図 3-5-6＞制約工程の改善例

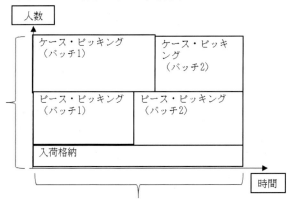

6）生産性向上の手法Ⅲ

(1)物量にムラがないか

物量にムラがあるから、ムリとムダが発生する。物量が多い時に、作業員や設備に負荷がかかり、ムリな働きをする。

物量が少ない時に、作業員や設備に余剰が起こり、ムダな働きになる。

＜図 3-5-7＞ ＜3ムの関係＞ダ・ラ・リの帯を締めよ！

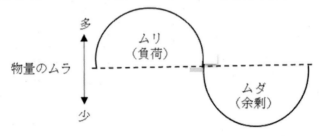

(2)平準化（投入人時数の一定化）の志向

ムラ・ムリ・ムダを見つけ、それらを除くと、改善ができる。自職場だけではなく、他部門や他社との連携も必要である。時間毎の作業物量を一定化して、投入人時数を一定化する。

＜図 3-5-8＞平準化の例

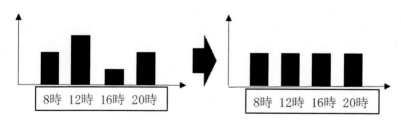

(3) 作業を3つに分解

作業を作業価値に従って、3つに分解する。

①付加価値を生む作業

②付加価値を生む作業を行うために行う作業

③明らかにムダな作業

以上の②と③が、非付加価値作業である。

<表3-5-8> ピッキング作業の3分類

作業の価値		ピッキング作業の例
①付加価値を生む作業		ピッキング
②付加価値を生む作業を行うために行う作業	非付加価値作業	移動、準備、後片付け
③明らかにムダな作業		作業の重複、作業待ち等

(4) 作業の価値とピッキング作業改善例

<表3-5-9> ピッキング作業の例

作業の価値	ピッキング作業の例
①付加価値を生む作業	・ピッキング
②「付加価値を生む作業」を行うために行う作業	・やり方がわからないムダ→作業の標準化 ・準備にかかるムダ→準備工程の短縮 ・歩行・移動のムダ→動線の短縮、移動をなくす ・チェックがかかるムダ→チェック時間の短縮、品質工程の改善 ・帳票のムダ→電子化・システム化（ペーパーレス）
③明らかなムダ	・手待ちのムダ→手待ちのゼロ化 ・商品を探すムダ→探す行為のゼロ化 ・ヒトが多過ぎるムダ→過剰な人員の削減 ・ミスのムダ→ミスのゼロ化 ・故障・停滞のムダ→安定稼働

(5) 庫内作業の自動化による生産性向上

作業の投入人時のゼロ化を図るために、自動化（AI化・ロボット化）するための開発と投資を行う。

生産性の計算式

$$生産性 = \frac{物量}{作業総人時（作業者数 \times 作業時間）}$$

自動化すると、物流作業に係る人の働き方や職種が大きく変わる。また、人の「労働価値観」が変わる。総人時の内、投入人数をゼロ化すると、人による生産性はなくなり、設備の稼働時間に従う。設備能力が所定の時間で作業をこなせるかどうかになる。

＜表3-5-10＞生産性を改革する自動化の例

作業の価値	庫内作業の自動化例	
付加価値を生む正味作業	計画	・作業計画に関わる物量予測のシステム化・AI化を図る
	実行	庫内作業の自動化を検討する ・ピースピッキング・仕分ロボット（自動化） ・ケースピッキング・仕分ロボット（自動化） ・梱包の自動化 ・自動搬送ロボット（AGV）、 　又はコンベア ライン ・積み付け・積込・積み降ろしロボット
付加価値を生む作業を行うために行う作業		ピースピッキングの人の移動のゼロ化には、3通りある ・棚移動システム（KIVA、Racrew、Butler、Geek＋等） ・積み木式のロボット自動倉庫で保管場所から 　ピッカーの手元まで搬送 ・クレーン式とシャトル式自動倉庫の活用

第5節　運営計画

7）生産性向上のパラダイム

物流の生産性を構造的に変えるには、社会全体として会社間取引を考え直すと、生産性向上は劇的に上がる。

会社の経営では、自助努力により生産性改善、若しくは変革を進める。

マネジメントの改革と設備の自動化により、

作業を人に頼らない仕組みにして、

生産性を抜本的に変革する。

＜表3-5-11＞生産性向上施策の一覧表

対象範囲		生産性向上施策	備考
会社間インフラ整備		会社間の取引基準	取引改革や価格体系の見直し
^		ユニットロード	
^		情報化(EDI)と事務の標準化	プロトコルとフォーマットの標準化
^		データ量・物量の平準化	
^		輸配送	待ち時間ゼロ化、配送の共同化、モーダルシフト化、運転の自動化
会社単独の課題	マネジメント	物量予測と作業計画　作業バッチ計画	予測する計画のAI化　作業バッチの組み方のAI化
^	^	設備化・自動化	物流設備の自動化・ロボット化
^	日々の生産性向上策	作業制約工程探しと解除	
^	^	作業担当者の生産性向上	教育訓練とマニュアル化

3．物流評価指標

　物流評価指標は、物流のパフォーマンスを測定可能な指標で組み立て、部門横断的に掴むことである。物流の問題は、物流部門の外に原因が求められることがあるからである。診断時の指標として、現状・目標・改善結果を時系列的に評価し使用できる。

(1) ロジスティクス評価指標 I

評価項目	指標
1．コスト	売上高物流コスト比率、 輸配送コスト、 保管コスト、 荷役コスト、 包装コスト、 物流管理コスト、
2．サービスレベル	配送件数、 欠品率、 誤出荷率、 遅配・時間指定違反率、 荷傷み発生率
3．安全	安全性
4．在庫	在庫日数、 棚卸差異率、 棚卸資産廃棄率、 滞留在庫比率
5．返品	返品率
6．環境	輸配送による CO_2 排出量、
7．物流条件	配送先数、 納品リードタイム、 SKU数、 最低配送ロット

(2) ロジスティクス評価指標Ⅱ（部門別）

部門	指標
企画開発部門	SKU数、 商品サイズ、商品容積、商品質量、 パレット積載数、 品質保持期間
生産管理部門	生産ロット、 生産リードタイム（在庫補充LT）、 不良品返品率
営業部門	配送先数、 最低配送ロット、 配送件数・頻度、 納品リードタイム、 平均受注量、 大ロット受注の比率（大ロット＝パレット単位等）、 欠品率、 緊急出荷比率、 返品率（良品返品率）、 棚卸資産廃棄損、 需要予測精度、
物流部門 （全般）	物流コスト比率、 物流管理コスト、 物流クレーム発生率、 入力等ミス率
（輸配送）	輸配送コスト、 輸配送コスト単価、 運賃率（支払運賃÷トンキロ等）、 輸配送量、 総走行距離（稼働率、実車率、積載率） 平均走行距離、輸送ロット、 誤出荷率、遅配・時間指定違反率、 荷傷み発生率
（保管）	保管コスト、 保管量、 保管コスト単価、 在庫拠点数、 保管効率（保管量÷面積）、 在庫数量/在庫金額、 在庫日数、 棚卸差異、 棚卸資産廃棄損、 滞留在庫比率

第3章 物流エンジニアリングの講義

部門	指標
（包装資材・輸送容器）	包装資材/輸送容器コスト、 包装資材/輸送容器コスト単価、 包装資材使用量、 輸送容器補充コスト、
（荷役）	荷役コスト、荷役量、 荷役コスト単価、 人件費単価（人件費÷人時）、 ピッキング・仕分ミス率、 荷傷み発生率 【入出庫作業】 入出庫作業生産性（処理数量÷人時）、 投入労働量（人/人時） 【ピッキング】 ピッキング生産性（処理数量÷人時） 投入労働量（人/人時）、 ピッキングミス率 【仕分】 設備稼働率（処理数量÷処理能力）、

出所「ロジスティクス評価指標の概要－荷主KPI」日本ロジスティクスシステム協会、2008年1月、一部改修

参考「物流現場改善推進のための手引書」日本ロジスティクスシステム協会、2007年4月

参考「卸・小売連携による物流コストの削減～物流サービスの適正化」中小企業庁、2008年3月

第6節　情報システム

1．物流情報システムの設計・開発

①物流情報システムの目的を明確にする
　改善なのか変革なのか。
・戦略性：経営戦略や物流戦略に基づく物流情報戦略を立案する。
・標準性：社内外の取引条件、データフォーマット、通信プロトコル等の標準化を図る。
・統合性：企業内機能統合化や企業間連結したSCMを構築する。
・共有性：データや情報や情報システムの共有化を図る。
②構築組織体制の確立
　CIO(Chief Information Officer)が、情報システム組織を統括する。
　システムエンジニアやプログラマーのスペシャリストと必要人数を確保する。物流現場・利用者も参加する。
③ICT(Information Communication Technology)の適格な組合せ
　ハードウェア（オンプレミス、クラウド、エッジコンピューティング等）を選択する。
　ソフトウエア（SaaS, PaaS, IaaS, OS）を選択する。
　WMSやアプリケーションを開発する。
④運用環境
　運用サービス方法、運用場所、運用組織体制、運用教育を行う。
⑤異常事態を想定した開発
　物流作業では、異常な状態が発生することを前提にして、ハードウェアの選択を行い、WMSやアプリケーションのシステム設計・開発

をすることである。例えば、災害発生、ピーク日が重なる、設備の故障、設備の誤操作や異常操作、通信エラー、24時間を超える処理や運営等が起こり得る。これらに対応した仕組みをWMSやアプリケーションで用意しておくことである。

2．WMS(Warehouse Management System)

1）WMSの概要
(1) WMSは物流コンピュータの中核として稼働する
①物流コンピュータ（又はサーバー、クラウド）内のWMSは、外部システムである基幹システムと、内部の物流設備（マテハン機器）と連携して機能する。

＜図3-6-1＞物流コンピュータの位置づけ

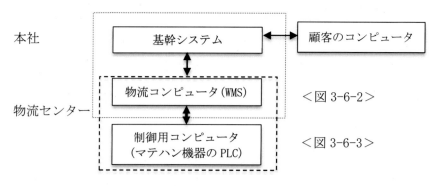

注．PLC: Programmable Logic Controller、制御コンピュータとも言う。

②基幹システム（ホストコンピュータ又はサーバー、クラウド）から入庫予定データ(ASN: Advanced Shipping Notice)や出庫指示データ

を受信し、処理する。その作業結果を確定データとして基幹システムに返信する。

物流コンピュータ内では、リアルタイムで処理をし、在庫更新する。物流コンピュータから基幹システムへの返信タイミングは、基幹システムの更新頻度で決まる。

＜図 3-6-2＞物流コンピュータ(WMS)と基幹システムの関係

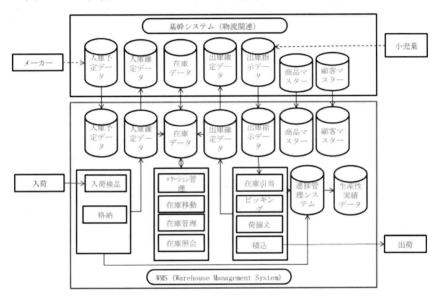

③物流コンピュータ(WMS)は、マテハン機器(物流設備)を制御している制御用コンピュータ(PLC)との間でデータのやり取りをする。

物流設備は制御コンピュータで機能している。物流設備の一つである作業端末（例：無線ハンディターミナル）とは無線 LAN を活用する。この為に作業進捗をリアルタイムに把握できる。このデータの蓄積と分析により、1件当りや1明細当りの生産性等がわかる。

<図3-6-3>物流コンピュータと制御用コンピュータとの関係例

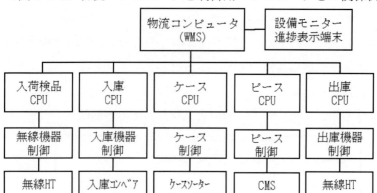

2）WMSに求められる機能

WMSは、高品質な作業の支援、ローコストオペレーションの支援、物流設備（マテハン機器）の稼働支援といった機能が求められる。その為に用意している機能を上げる。

①複数拠点在庫の同時把握である。

　1システムで一元集中管理することが求められる。物流拠点や荷主の追加が容易なことである。

②庫内在庫をリアルタイムで把握する。

・ロケーション管理ができる。

・格納指示として確実に保管可能なロケーション指示ができることと、ロケーションに在庫計上されることである。

・在庫引当で、受注情報に対して効率の良い出荷指示ができることである。

・ロットや使用期限管理等のきめ細かな在庫管理ができる。

・在庫照会で、単品単位でリアルタイムな在庫情報が確認できる。

・棚卸管理（一斉棚卸、循環棚卸、動態棚卸）が行えることである。

③作業進捗をリアルタイムで把握する。

　庫内作業や配送状況が把握し、分析できることである。指標としては、作業生産性、出荷ABC分析、在庫回転率、欠品率、納期遵守率等がある。

④物流設備（マテハン機器）との間のインターフェイスを図る。

　前項③参照

⑤輸送中の在庫を一括で把握する機能や、出庫した貨物を追跡する機能等を指す（追跡可能性、トレーサビリティ）。

⑥EDIを実現する（ASN，出荷指示、完了報告等）。

3）WMSを支える技術

①無線LAN等

　無線LANは、構内などの狭いエリアでの通信で一般化している。使用例としては、無線ハンディターミナルや、フォークリフト無線LANがある。

　無線LANで入出庫検品を行うと、瞬時に在庫更新ができるので、リアルタイムに在庫情報が把握できる。

　移動体通信の対象は、輸送中のトラックと運行管理センターとの通信等である。輸送中の通信は、携帯電話網が用いられる。他に携帯する端末機器としては、クレジットカードの入金処理端末や、バーコードリーダーがあり、車には車載端末等を取り付ける。

　運行管理は、これらとGPSを用いてリアルタイム処理や、ドライブレコーダーを活用する。

②EDI(Electronic Data Interchange)

EDIは、広義には、データのオンライン処理をいう。狭義には、標準化されたデータフォーマットを利用する場合をいう。EDIにより、関係する会社と標準化されたデータ交換ができる。

EDIが成立するための必要なデータ構造は、次の通りである。
・取引基本規約（大枠の取り決め）
・業務運用規約（システム運用規約）
・情報表現規約（コード、フォーマット）
・情報伝達規約（通信プロトコル）

商流EDIは、製造業・卸売業・小売業の商品の売買に関する取引データ交換をいう。流通BMSが標準化されてきている（図3-6-4）。

<図3-6-4>商流EDIの例：製配販における流通BMS

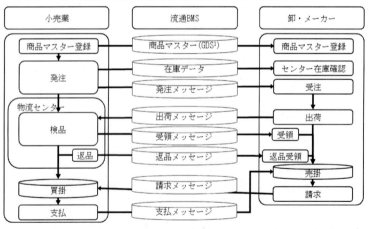

注1. GDS (Global Data Synchronization) 商品マスターデータの国際的な同期化
注2. 流通BMS:流通 Business Message Standards の略

第6節　情報システム

　物流 EDI は、荷主と物流事業者間の運送・保管サービスに関する取引データ交換をいう（図 3-6-5）。物流は原料から商品販売までをつなぐ。

＜図 3-6-5＞物流 EDI の業務モデル例

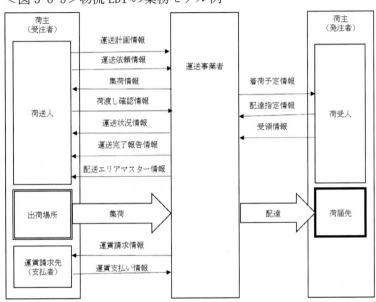

③バーコード活用（自動認識技術）

　自動認識は、機器により自動的に媒体（モノ、伝票等）のデータを取り込み、内容を認識するシステムである。物流自動化技術の第一歩になる。主要技術としては、RFID、バーコード、2 次元コード等である。

　自動認識技術の目的は、モノと情報と作業の一致である。例として、伝票や荷札の伝票番号をバーコード化して、判読を迅速化している。特積み便では、物流ラベルとしてバーコードを用いた荷札を標準

第3章 物流エンジニアリングの講義

化している。これと EDI を組み合わせて納品業務の精度向上と効率化を図っている。

物流の現場ではバーコードで入出庫検品や格納ロケーション登録を行えば、コードを入力する代わりになり、作業品質は高まる。誤ピッキングの事後処理が減る。

最近は RFID（Radio Frequency Identification）の活用が目立つ。

＜表3-6-1＞1次元バーコード

	JAN/EAN	ITF	Coda bar (NW7)	Code39	Code128	RSS14
データ	数字 13桁/8桁	数字 偶数桁	数字、記号 （-、$： /、+） スタートストッ(ABCD)	数字、英字、記号	数字、英字、記号、制御文字（フルアスキー128種）	数字、識別子01+14桁
規格	JIS-X-0501 GS1	JIS-X-0502 GS1	JIS-X-0503	JIS-X-0503	JIS-X-0504	GS1

＜表3-6-2＞2次元バーコード

	PDF417	Data Matrix	QR Code	Maxi Code	Aztec Code	GS1 コンポジット
データ	数字：2710英数：1850 バイナリ：1108	数字：3116 英数：2335 バイナリ：1556	数字：7089 英数：4296 バイナリ：2953	数字：138 英数：93	数字：3832 英数：3067 バイナリ：1914	CC-A:56桁 CC-B:338桁 CC-C:2361桁
用途	米国荷主	米国電子部品	日本	米国輸送業界		欧米標準団体 日本医薬医療
規格			JIS-X-0510			GS1/GS1ITS1999

第6節　情報システム

＜表3-6-3＞RFIDの電力供給方式の分類

タイプ名 項目	パッシブタイプ (Passive Type)	セミパッシブタイプ (Semi-Passive Type)	アクティブタイプ (Active Type)
基本原理	受動形 読み取り装置から電波を発信し、ICタグ側がIDを送り返す方式	受動形 通常はパッシブ型として動作、外部からの呼びかけ時のみ内蔵電源により電波を発信	能動形 ICタグ側から電波でIDを発信し続ける方式。電池が必要
搭載電池	無	有（センサ専用）	有（交信・センサ用）
交信距離	数mm～数m	数mm～数m	数m～数10m
RFタグの価格	低価格	高価格	高価格
付帯機能	－	センサ付き 等	センサ付き 等
備考	・メンテナンスフリー ・電波法上、無線設備外の取扱い	・電池寿命管理が必要 ・電波法上、無線設備外の取扱い	・電池寿命管理が必要 ・電波法上、無線設備の取扱い
主な用途	・物流・商品管理 　コンビニ、アパレル ・パレット管理 ・レンタル品管理 ・蔵書、書類管理	・温度管理 ・振動、腐食管理	・スマートメーター ・車両ドア開閉 ・河川水位管理 ・ロケーション管理 ・所在管理

＜表3-6-4＞RFID方式の特徴比較

周波数帯		長波 (LF) ～135KHz	短波 (HF) 13.56MHz	極超短波 (UHF) 915～930MHz	マイクロ波 (SHF) 2.45GHz
伝送方式		電磁誘導方式 ・磁界の変化で情報を伝達 ・あまり遠く飛ばない		電波方式 ・電波に情報を乗せて情報伝達 ・遠くまで飛ぶ	
交信距離		～数cm	～数10cm	～10m程度	～1m程度
耐環境性	光	◎	◎	◎	◎
	汚れ	◎	◎	◎	◎
	水分	◎	◎	△	△
	遮蔽物	◎	◎	○	○
	金属	×	×	×	×
価格		△	○	◎	○
主な用途		・回転寿司の皿、精算 ・動物トレース	Felica Suica, Icoca 電子マネー	・ケース/パレット物流タグ ・アパレル商品管理 ・製品管理主流	・無線LAN ・衛星通信 ・気象レーダー

◎優れている、○普通、△やや劣っている
出所：東芝テック㈱、オムロン㈱、（社）日本自動認識システム協会ホームページ（2018/04）一部修正

4）WMS の導入方法

　WMS（Warehouse Management System）は、パッケージシステムとオーダーメイドシステムに大別できる。WMS を導入するのであれば、両者の特徴を理解し、異常対応を含めて選定することである。

　WMS 導入に当り、現状の業務手順、社内ルールや商習慣に即したシステム構築をするのか、又は改革するかが問われる。

　導入担当者のレベルによって、システムの機能や操作性が影響される。

　導入期間、システムの安定性や投資額の回収等によっても左右されることを考慮しておくことである。

　NEC が公表している WMS 選定時の評価指標には、次のようなことが上げられている。

・MUST 条件の設定は、絶対必要な要件を条件とする
・WANT 条件の設定は、盛り込みたい要件を条件とする。
・機能要件だけでなく、非機能要件も考慮に入れる。
・上記条件に重み付けを設定して定量評価できるようにする。

　次頁に「WMS 評価指標」を掲載している。

第6節　情報システム

<表3-6-5>WMS評価指標（NECの例）

大区分		中区分	重点指標
MUST	作業性	効率性	10
		作業精度	10
	拡張性	複数物流拠点・複数倉庫使用	9
		周辺システム連携	9
WANT	可視性	Web公開	7
		作業進捗状況公開	5
	保守性	ITトータルサポート	10
		保守体制	7
	信頼性	プロジェクト体制	7
		プロジェクト遂行力	5
		システム性能	5

<表3-6-6>システム機能別各ベンダー評価例

　WMS評価指標の内、MUST条件である作業性/作業精度をベンダー別システム機能別に比較した例である。

システム機能	重点指標	A社		B社	
		点数	小計	点数	小計
HT入荷検品	10	10	100	8	80
HT棚格納	10	10	100	8	80
HTピッキング	9	8	72	10	90
HT出荷検品	9	6	54	9	81
HT在庫移動	7	7	49	9	63
HT棚卸	5	7	35	7	35
小計	-	-	410	-	429

3．アプリケーションの開発

　物流センターの開設に当り、WMS の選択とともに、業務を展開する為のアプリケーション開発がある。在庫型物流センターの基本業務は、庫内では発注入荷・在庫・受注出荷の三つがあり、配送がある。現行使用しているアプリケーションをそのまま踏襲するのであれば、その開発は WMS との連携と改修にとどまる。

１）受注システムと他システムや設備との関連
　在庫型物流センターの物流コンピュータ内では、WMS とアプリケーションが相互に関連しあっている。

＜図 3-6-6＞在庫型物流センターの受注、在庫、発注、配送の各システムや設備との関連図

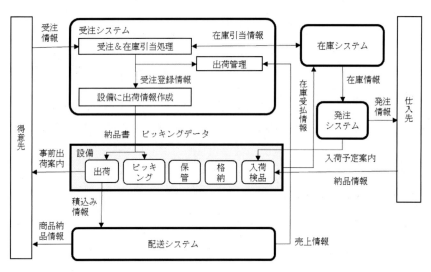

2）配送システム

配送に係る管理システムの総称として、TMS（Transportation Management System）がある。

①配送・配車計画システムは、日々の配送依頼に基づいた車両の割り付けと、配送順や経路案を作成する（組合せ最適化問題）。

②運行管理システムは、車載端末を搭載し、事務所のシステムと接続することにより、車両運行状況を営業所で把握、安全運行の徹底、作業日報の自動作成、発生した問題の早期把握等を実現する。

③荷物追跡システムは、荷物がどこにあるのか、いまどの場所を通過しているのか等を、リアルタイムに把握する。

＜図3-6-7＞輸配送管理システム（TMS）の構成

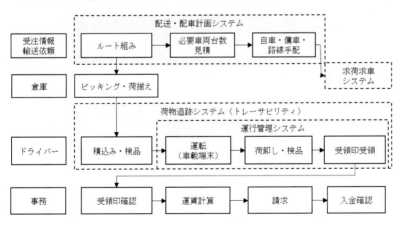

3）物流情報システムの設計ステップ

設計・開発するシステムの目的、規模、プログラム数・画面数、難易度、開発要員の質と人数等を考慮して工数を決める。

開発は、ウォーターフォール型開発計画（下図）が基本である。戦略策定に始まり、システム企画（要件定義含む）・システム設計・テスト・運用というステップを順に踏む。

プロジェクトマネジメントが要であり、プロジェクトマネジメントを司る人には十分な経験が必要である。また、「システム企画書」にみるように、開発業務は、膨大な文書作成部門でもある。文書間の相互関連を読み解くには、業務に精通していることである。

「システム企画書」が、システムのQ（品質）、C（コスト）、D（納期・本番稼働日）の決め手になる。

＜図3-6-8＞ウォーターフォール型開発計画

戦略策定	システム企画	システム設計	テスト	運用
経営戦略／物流戦略／物流情報システム戦略	ニーズ調査／要件定義／「システム企画書」作成	概要設計（外部設計）／詳細設計（内部設計）／プログラム開発	単独テスト／総合テスト／運用テスト	教育訓練／要員管理／システム改修

プロジェクト・マネジメント

これに対して、最近は、アジャイル型開発が言われている。ウォーターフォール型開発計画の難点は、完成までに時間がかかることである。開発に万全を期しても、結果はやってみないとわからない。

それに対してアジャイル型開発はその名の通りに敏捷なということから、開発と検証の早さが鍵である。システム化の対象をいくつかの課題に分解することによって、システム開発を同時多発的に進行することが可能である。

第6節　情報システム

　まず、課題と思われることを一つ計画し設計してみることからスタートする。実際にテストをして実施確認して見る。

　成功すれば、次のステップに進めていく。ヒットエンドラン的な開発と開発期間の短縮が言われている。

＜図3-6-9＞アジャイル型開発計画

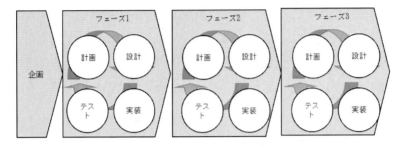

　物流センターを立ち上げる上で、前述した「物流センターの機能と設備」「店舗配置」「運営計画」や、後述する「物流センターの規模とレイアウト」「物流センターの建設と賃借」「物流エンジニアリング時の投資」は、いずれも物量をベースに、誰もが納得できる論理的な計算式に置き換えられる。

　「情報システム」の開発は、システム企画書でシステムを体系化し、個別プログラム毎にインプット、アウトプット、ファイル、画面を明らかにすることはできる。しかし、プログラムの開発は、期間や期限を定めるにせよ、人的要素が強く開発期間を読み切れないことがある。ウォーターフォール型開発計画にせよ、アジャイル型開発計画にせよ、物流センターを計画する上で、この点を克服できるかが鍵である。物流設備毎の制御システムを開発しているメンバーが仕事の領域を拡大してくれることを期待している。

第3章　物流エンジニアリングの講義

第7節　物流センターの規模とレイアウト

1．物流センターの規模とBCP

　物流センターの配置を集中方式にするか、分散方式にするかによって、立地箇所数は増減し、それに伴い物流センターの規模も増減する。

　事業の継続性(BCP Business Continuity Plan)の点からは、災害や事故の対応を考えておくことである。1箇所で十分に出荷できることでも、万が一を考えると、代替性を考えて、複数箇所から出荷できるようにしておく。

　在庫の面からは、物流センターを集約する方が在庫量を削減できる。運営面からは、物流センターは一定規模以上の大きさが必要である。設備投資等の固定費面から考えても、集中方式の方が勝っている。

　BCPは、安全性と経済性を天秤に掛けて検討するように見えるが、集中方式か分散方式かの二者択一の選択ではない。集約しながらも、他物流センターから代替出荷ができるようにしておくことである。

　停電に備えて、物流センター毎に自家発電できるようにしておくことである。水害に備えた立地の選択や、火災に備えて建物内の延焼を最低限にする設計もある。

　地震は自物流センターだけのことではない。ある地域全体が停電や火災に同時多発的に見舞われる。配送網が寸断され、従業員の通勤困難が予想される。津波を警戒するならば、臨海エリアに物流センターを設置せずに内陸に立地することである。物流センターの立地を配送面から言えば、臨海エリアに立地すると、海に面することから、陸側の配送範囲は180度である。内陸だと配送範囲は360度になり有利である。

2．レイアウト作成

1）目的

　レイアウトは、設備の規模・寸法・面積、設備の配置、付帯作業面積、作業動線（人、フォークリフト、ロボットとコンベア）、事務所機能・面積、ピーク対応、増設余地、建物の条件等に基づき行う。
　物流センターの敷地面積と建築面積・延べ床面積を算出する。

2）レイアウトの原則
(1) 保管機器の選定

　保管機器には、自動倉庫、平置き、重量棚、中量棚、軽量棚等がある。
　自動倉庫は、物流作業の自動化を検討する時、なくてはならない設備である。
　作業を手動で行う時、平置き、重量棚、中量棚、軽量棚等が主役になる。平置きは、保管効率が高く、大量のパレット単位の入出庫には適している。パレットラック（重量棚）は、パレット(標準規格 T11)で運用されていることが多い。
　保管量の少ない商品は、中量棚、軽量棚に保管して、台車やロボット等による荷役の方が効率的である。

(2) 作業距離と作業時間
① 保管棚の設置

　保管棚の設置は、入出庫バースに対して垂直に配置するのが基本である。次頁は、ダブルトランザクションの例である。

＜図 3-7-1＞ダブルトランザクション時の棚の設置

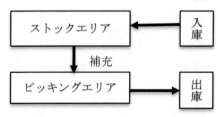

②作業距離

　距離とは、作業を行う距離であり、作業動線の長さと言い換えられる。保管およびピッキングエリアで、ダブルトランザクションを採用しているとする。

　ストックエリアは、フリーロケーションを採用するか、固定ロケーションを採用するかで、作業距離と在庫量が決まる。

　フリーロケーションを選択すると、保管容積は最大化できるが、作業距離を短くすることにはならない。

　固定ロケーションを選択すると、商品の配置によって、作業距離は長くも短くもなる。その為、商品配置のメンテナンスが、出荷量のABC分析に基づいて、少なくとも月1回は必要である。

　ピッキングエリアの商品配置も、固定ロケーションと同様に出荷順に考えるべきである。いずれも次の式、即ち、商品別平均移動距離に従うからである。

　移動延べ距離＝商品別平均移動距離×商品別ピッキング頻度

　よく出る商品（A 管理品）は、ピッキング頻度が多い。荷揃え場の近くに配置することで、作業に伴う移動距離を短くできる。

　但し、ピッキング頻度の多い商品ばかりをあるエリアに固め過ぎないことである。そのエリアだけ作業が集中し、作業者に待ち時間

が発生して、かえって生産性が悪くなる。A 管理品の中で列毎に適度な分散配置が必要である。

③作業時間
　作業時間の定義は、次の式である。
　作業時間＝距離÷時速

　時速は、各作業を行う1時間当りの速度である（分速、秒速でも意味は同じ）。作業者が移動する時、時速は人によってバラツキはあるものの、比較的小さいほうである。設備化している時は、設備は一定の速度で動く。この式で言えることは、作業時間を短くする一番の策は、作業距離を短くすることである。

(3) ピッキング時間
　作業の内、時間を取られるのが、ピッキング作業である。その作業時間は次のように定義できる。
ピッキング作業時間＝準備・後片付け等の時間[1]＋ピッキング時間[2]＋移動時間[3]

注 1) 準備・後片付け等の時間は、1回の作業に取り掛かる準備時間と、作業終了都度の後片付け時間である。それらの時間を固定時間(秒/回)と見做す。個人別に見るとバラツキが大きい時間である。マニュアルによる教育訓練が必要である。
注 2) ピッキング時間＝ピッキング秒数(秒/個)×個数
注 3) 移動時間は、詳細には、次の式になる。
移動時間＝移動秒数(秒/m)×{往復の移動平均距離 m＋商品間の移動平均距離

m×(行数－1)}

(4) 配送コース作りと庫内作業

　小売業から発注データを受信してから、庫内作業を開始するには、二つの方法がある。一つは、配送コースを確定し、配送コースの逆順に庫内作業にかかる。難点は、配送コース確定に時間がかかるので、庫内作業にかかる時刻が遅くなることである。将来、より高速なハードウェアの開発である（一般化するかどうかはあるが量子コンピュータの開発）。ソフトウエアとしては、組合せ最適化問題の解決である。

　二つ目は、配送コースを順序立てる仮置き設備を導入する。庫内作業は配送コース設定とは別個に作業をして、ケースとオリコンを設備内に仮置きする。一方、配送は必要な時に切り出すやり方である。

(5) 作業の自動化

　庫内作業の自動化には、次の作業が候補に上げられる。
・入荷から自動倉庫保管迄の自動化
・ケースピッキング・仕分ロボット化
・ピースピッキング・仕分ロボット化
・梱包の自動化
・搬送のロボット化(AGV)、又はコンベアライン化
・荷揃え時の積み付けロボット化
・トラックに積込ロボット化とコンベアライン化
・トラックから積み降しロボット化とコンベアライン化

　ケースピッキングは、今日の技術で全自動化できる。例えば、トラックからの積み降しロボット、保管は自動倉庫（パレット、ケース）、ロボットによるデパレタイズ、仕分・荷揃えはケースソーター、トラ

ックへの積み込みはロボットによることが可能である。
搬送は、パレット及びケースに各々対応したコンベアでできる。
　ピースピッキングの技術開発課題は、商品をピッキングする時に把持する方式である。ピースピッキング時に、今日すぐにできることは、人の移動をゼロ化することである(GTP goods to person)。
　ピースピッキング時の移動時間をゼロ化する方法は、次の3通りがある。
A. 棚移動システムを採用する(KIVA、Racrew、Butler、Geek＋等)。
B. 積み木式のロボット自動倉庫で、保管場所からピッカーの手元まで商品を自動搬送する方式を採用する(Auto Store等)。
C. クレーン式自動倉庫(パレット)とシャトル式自動倉庫(ケース等)を採用する。
　3方式は、取り扱う商品のサイズと出荷頻度が採用の基準になる。3方式の設備仕様は、メーカーに確認することである。各社の棚の仕様やビン(容器)の仕様が決まっているので、取り扱う商品のサイズ次第で、いずれを採用するか、組み合わせて採用するかを決める。
　移動時間と準備・後片付け等の時間の合計は、ピッキング時間とほぼ同じである。移動時間や準備・後片付け等の時間が、ゼロ化すると、ピースピッキングの生産性は、約2倍になる。

参考文献『物流自動化設備入門』拙著、2017年12月7日、三恵社

(6) レイアウト図面の検証
　必要保管間口数と図面上の間口数を見て、保管余裕や拡張性をチェックする。

3．物量分析と倉庫や設備の面積

1）倉庫や設備の面積計算

物流センターを設計する時に、作業工程毎の物量から採用する設備及び倉庫の面積を計算する(表3-7-1)。

＜表3-7-1＞物量分析と倉庫や設備の面積

作業工程	物量分析	設備・面積の関係
入荷・格納	①日別入荷物量 （取引先別入荷物量） ②格納物量	①トラック着床台数と入荷面積算出 ②搬送方法
保管	③ケースとピースの保管物量	③保管面積算出(保管設備別棚数、ピッキング間口数等)
ピッキング	④ケース及びピースのピッキング物量	④ピッキングの面積算出 （ピッキングの方式によっては、保管面積に含まれる）
仕分	⑤ケース及びピースの仕分物量	⑤仕分の面積算出
荷揃え	⑥日別出荷物量	⑥荷揃え面積算出
納品	⑦配送物量	⑦配送台数とトラック着床台数算出
空容器	⑧空容器(パレット、オリコン、カゴ車等の空容器)	⑧空容器の保管面積
返品の入出庫	⑨返品商品の保管物量	⑨返品商品の保管面積と作業面積

2）設備面積の算出

設置台数や設置距離を求めると、設備を設置する面積に換算できる。作業工程毎の設備台数や設備距離に伴う面積は、倉庫面積を求める時に必要である。設備面積は、レイアウトを組む時の必須事項である。倉庫の延べ床面積と敷地面積を計算することに繋がる。

第7節 物流センターの規模とレイアウト

　設備には、集合体として一式で見なす設備、一台一台が稼働する設備と、設置する距離を考える設備がある。

(1) 設備一式の面積

　「設備一式の設備面積」は、縦×横のサイズを算出する。高さは倉庫の梁下の高さとの関係を調べる。

　ケース自動ピッキング設備は、機械化であり、高く設定することは可能である。デジタルピッキング設備は、人が作業するので、高さに関しては人の作業領域になる。いずれの設備も、将来取り扱う品目数の拡大に対して、どの程度拡張余裕を持たせるかが課題である。

(2) 設備台数からの面積

　稼働している時は、1台毎の設備であり、保管又はピッキングの面積の中で稼働するとして計上されている。

　業務終了後充電等で集合する又は保管する時は、設備としてまとまる。「設備台数1台当りの面積×台数」の計算により、設備面積が求められる。

　この例には、フォークリフト、計量検品カートやHT（ハンディターミナル）がある。備品もこの例に当てはまることが多い。例えば、空パレット、空カゴ車、空オリコン等である。これらを保管する面積も求めておくことである。

(3) 設備距離からの面積

　設備距離は、搬送コンベアが典型である。この場合の計算は、

　「設備の設置幅（メンテ通路含む）×総延長距離」により、設備面積を求める。但し、搬送コンベアは、設置場所によっては空中を這わせることがある。

3）倉庫面積を求める

　対象となる物量から必要な倉庫面積を求めるには、作業工程毎に必要なユニット面積を求めておくと、簡易に算出できる。ピッキングのユニット面積は、作業する人やフォークリフトの移動用通路を含むものとする。また、保管用のパレットラック等の段数は決めておく。

ユニット面積(ケース保管)の計算例

1ユニット
(3.94m×2.61m＝面積10.3㎡)
＝平面2パレット×2列×4段
＝16パレット

＜表3-7-2＞倉庫面積のユニット面積計算例

作業工程	必要倉庫面積	床面積の計算方式 (作業工程毎のユニット面積を算出し、物量より必要な面積を求める)
入荷・格納	200坪	①1ユニット面積 (パレット横1.2m＋通路横幅3.0m＋パレット横1.2m)×パレット縦1.2m ≒6.5㎡(約2坪)/2PL (1日入荷口数75,528口÷20口/パレット＝3775パレット)÷2PL/ユニット ＝1,888ユニット ②接車台数20台の床面積 (1,888ユニット÷20台＝95ユニット)×6.5㎡＝618㎡ ≒187坪＜200坪
保管(ケース)・ピッキング	7,125坪	①1ユニット面積(ジュニアフォークとピッキングフォーク使用時) (ラック縦1.2m＋通路幅1.54m＋ラック縦1.2m)×ラック横2.61m ＝10.3㎡(約3.1坪) ②保管量20,000パレット×35ケース/パレット＝700,000ケース ③4段パレットの床面積 (20,000パレット÷16パレット/ユニット＝1250ユニット)×3.1坪/ユニット ＝3,875坪 ④リーチフォークリフトの時のユニット面積 ラックを設置する通路幅が3mになるので、面積計算結果が変わる。
保管(ピース)・ピッキング		①1ユニット面積 (2棚分、棚縦0.6m＋通路1.6m＋棚縦0.6m)×棚横1.8m ＝5.0㎡(約2坪) ②保管量65,000ケース(×10ピース/ケース＝650,000ピース) (65,000ケース÷40ケース/ユニット＝1,625ユニット)×2棚/ユニット ＝3,250棚 ③中量棚の床面積 (65,000ケース÷40ケース/ユニット＝1,625ユニット)×2坪/ユニット ＝3,250坪

第7節　物流センターの規模とレイアウト

作業工程	必要倉庫面積	床面積の計算方式
総量仕分	500坪	①総量仕分ベンダー数63社、総量ケース仕分床面積200坪 ②総量ピース仕分床面積300坪 ③入荷仮置き40坪、前処理設備40坪、ピース仕分設備180坪、 ④ピース仕分間口数：店舗数90店×カテゴリー6分類＝540間口、出庫仮置き40坪
荷揃え	2,372坪	①1ユニット面積：カゴ車2台分 （カゴ車縦0.85m＋通路幅1.2m＋カゴ車縦0.85m）×カゴ車横0.7m≒2.03㎡ ②納品店舗数90店、 最大物量日オリコン1,872口(カゴ車198台)＋ケース116,549口(カゴ車5,299台)＝計118,521口(カゴ車5,497台) ③カゴ車5,497台＝2,749ユニット×2カゴ車/ユニット ④荷揃え床面積 2.03㎡/ユニット×2,749ユニット＝5,581㎡ (1,692坪＜2,372坪拡張予備含む) ⑤荷揃面積の詳細は、次項(3)荷揃面積と(4)トラックの諸元参照
納品		(店舗90店)
空容器保管	800坪	①空カゴ車600坪、 ②空オリコン100坪、 ③空パレット100坪(計算省略)
返品	300坪	①返品対象ベンダー数56社、 ②返品仕分42坪、返品仮置き100坪、返品保管158坪(計算省略)
事務所	340坪	執務室、コンピュータ室、会議室、 休憩・食堂、 清掃用具、文書保管等
合計	11,637坪	
駐車場		(倉庫の敷地内)

4）荷揃面積計算の詳細例
①店別カゴ車数計算
　店別納品実数がわかればそれに基づく。店別物量の実数がわからない時、合計数量を店別売上構成比で按分する。
　　ケースの店別カゴ車数＝ケース数÷カゴ車積み付け数・・・式(1)
　　ピースの店別カゴ者数＝オリコン数÷カゴ車積み付け数・・式(2)
　　店別カゴ車数＝式(1)＋式(2)・・・・・・・・・・・・・式(3)

＜表 3-7-3＞店別カゴ車数計算表

店名	在庫型ケース		在庫型ピース		店別		カゴ車数計(カゴ/日)
	ケース数(梱/日)	カゴ車数(カゴ/日)	オリコン数(口/日)	カゴ車数(カゴ/日)	口数(口/日)	カゴ車数(カゴ/日)	
A							
B							
C							
・ ・							
合計							

②荷揃ライン数の計算
・荷揃ライン数＝Σ（店別カゴ車数計×1.5（ピーク係数）÷ライン当りカゴ車数）
・ライン当りカゴ車数：6〜10
・店別に荷揃え場所が決まっている固定ロケーションの時、店舗規模毎にカゴ車数を決めてスペース効率を向上する。
③配送ダイヤと荷揃規模の関係
　①と②により、1日分の出荷量の荷揃え面積が計算される。
　荷揃え面積は、配送車の回転数を加味することがある。

第7節 物流センターの規模とレイアウト

5）設備事例

設備に関してケースを自動化した事例と、コンベアレスの事例を取り上げる。

(1) ケース自動化物流センター設備の例

ケースは、下図の通り、入荷から保管・出荷迄を自動化している。

保管は自動倉庫（T11 パレット）、

ケースピッキングは、フェースピッカー、サプライカー、ケース流動棚、ピッカーで構成される。

ピースピッキングは、デジタルピッキングを主にしている。

ケースソーターで、ケース及びオリコンを仕分・荷揃えする。

＜図 3-7-2＞花王岩槻物流センターパンフレットに見る自動化設備事例

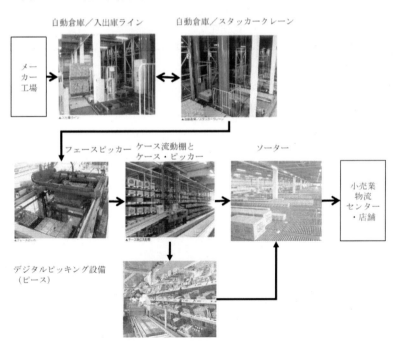

(2) コンベアレスの物流設備の例

＜表 3-7-4＞卸売業の事例

物流形態		物流センターの設備機器
在庫型	保管	パレットラック（T11 対応） 中量棚
	ケース 入庫・出庫	無線ハンディターミナル(HT)を、入荷・検品、格納、補充、ピッキング、仕分、荷揃えの全作業に適用する。 フォークリフトによる搬送。
	ピース出庫	計量検品カート(CMS cart management system)をアイテム別総量摘み取りピッキングに採用する。 フォークリフトによる搬送。
総量納品型		前処理（アイテム別仕分・検品） GAS(gate assort system　部門別・店別にオリコン投入仕分) フォークリフトによる搬送
店舗への搬送容器		カゴ車にケースとオリコン(40ℓ)搭載

(3) 自動化物流センターとコンベアレス物流センターの面積比較

　自動化物流センターは、自動倉庫を中心に、コンベアで搬送し、入庫や出庫をしている。出庫では、ソータで顧客別に仕分・荷揃えをしている。

　倉庫面積の約 90％は、搬送用のコンベア、ケース自動化設備や仕分荷揃え用のソータ等のマテハン機器が設置される。

　コンベアレス物流センターは、言葉通りにコンベアなしである。すべての指示は、コンピュータから HT 等に無線でリアルタイムに行われる。人手を中心にしているので、面積で見ると、前者に比して 1.2 倍になっている。

第7節　物流センターの規模とレイアウト

<表 3-7-5>

比較項目	自動化物流センター	コンベアレス物流センター
出荷数量	10.6百万ロ/年 (34千ロ/日)	9.1百万ロ/年 (29千ロ/日)
敷地面積	5,550坪	9,400坪
建屋階数	3階	4階
建築面積	3,740坪	3,480坪
延床面積	6,280坪 自動倉庫1,680坪 他設備等4,600坪 1階1,500坪(荷受→自動倉庫、ソータ→積み込み、積み付けライン) 2階1,400坪(ソータ) 3階1,400坪(ケース自動化設備一式、DPS) 事務所他300坪	8,980坪 (返品専用1180坪を除くと7,800坪：比較の基準値) 1階2940坪(平置、荷揃) 2階2940坪(ケース保管) 3階1180坪(返品専用) 4階1790坪(ピース仕分) 事務所棟130坪
保管内訳	自動倉庫 28列40連20段＝ 22,400パレット 600千ケース	平置き(2段)2,300パレット パレットラック(4段)9,000パレット、 計11,300パレット 300千ケース
ケースピッキング	自動化（一部手動）	フォークリフトとHT
ピースピッキング	デジタルピッキング 回転棚	計量検品カート(摘み取り)、GAS(種蒔)
荷揃え	仕分・荷揃えソータ	荷揃え場(1,102パレット)
搬送	コンベア	フォークリフト
機械化率	トラック積み込みを除き、機械化面積率90% 出荷口数構成率80%	指示はコンピュータ、作業は人手

<図 3-7-4>コンベアレスの物流センターの外観

6）トラックの諸元と面積

　敷地内の検討事項として、入荷・出荷するトラックと台数、トラックの待機場若しくは駐車場及び場内動線、従業員人数分の駐車場が必要である。いずれも、台数×1台当り必要面積で計算する。

　物流センターのプラットフォームにトラックが着床する時や敷地内の通路等の寸法は、トラックによって決まる。

①物流センターに出入りするトラックの諸元（代表例）

トラック仕様	セミトレーラー (40ft)	セミトレーラー (20ft)	大型トラック (10ton)	中型トラック (4ton)	小型トラック (2ton)(ロング車)
全長(m)	16.5	12.5	11～12.0	7.5～8.5	5.0 (6.0)
全幅(m)	2.5	2.5	2.5	2.2～2.5	1.7 (2.0)
全高(m)	3.8	3.8	3.8	2.5	2.0 (2.2)
重量	-	-	8～9.0	3.5～3.8	1.9～2.0(2.5)
総重量	28.0	24.0	20.0	8.0	4.0 (4.5)

②入出荷バース前面スペース長（縦着けの時）

バースピッチ	セミトレーラー (40ft)	セミトレーラー (20ft)	大型トラック (10ton)	中型トラック (4ton)(ロング車)	小型トラック (2ton)(ロング車)
3.5m	31m	23m	25m	16m(17m)	10m(13m)
5.0m	28m	21m	22m	14m(16m)	10m(12m)

<図3-7-4>バース前面スペース長

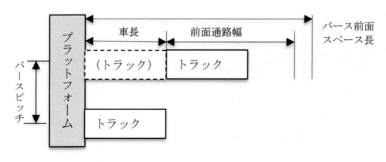

第7節　物流センターの規模とレイアウト

7）レイアウトの図面例

①レイアウト鳥瞰図の例

＜図3-7-5＞卸売業の事例

2階：総量納品対応エリア（入荷・ピッキング・仕分・荷揃え・移動）

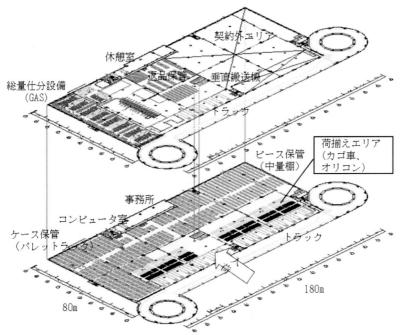

1階：在庫対応エリア（入荷・保管・ピッキング・仕分・荷揃え・出荷）

上図の保管・荷揃え機器の台数

		保管・荷揃え機器	台数	内訳
1階	保管	パレットラック	3,312台 (6624PL)	5段×272台=1,360台 4段×488台=1,952台
		中量棚	640台	7段×W1800/台：611台 7段×W1200/台： 29台
	荷揃え	オリコン用カゴ車	1,214台	246列
		ケース用カゴ車	1,213台	239列

第3章　物流エンジニアリングの講義

②平面図（1階）

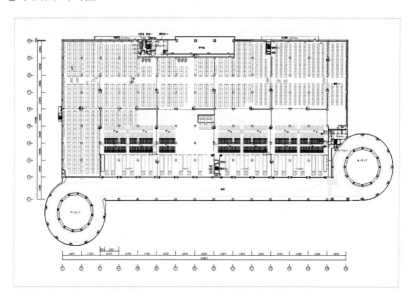

③平面図（2階）

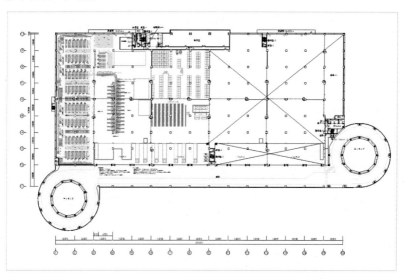

8) 物量とレイアウトのまとめ

　レイアウトを構想する時、まず、目的の確認をする。次に、検討してきたことを具体化する作業工程を考える。作業工程の組み合わせは、いろいろな方法がある。設備には、人手を中心にしたやり方、機械化、自動化がある。設備の新規開発もあるだろう。自動化をすれば、人の動きとは違ったやり方になる。どの方式が、目的を実現し、品質・安全・コストに見合っているかを検討する。

<図3-7-6>人の動きを前提にした作業工程と設備の関係

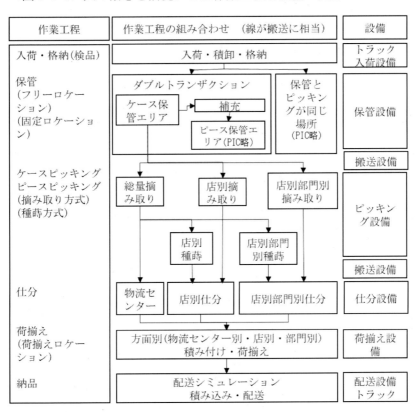

第3章 物流エンジニアリングの講義

＜表 3-7-6＞物量と設備と面積の関係

　物流センターの建築面積や延べ床面積及び敷地面積の理論値は計算可能である。顧客の成長性を加味した理論値を算出する。

作業工程	物量分析	設備	機械式 / 人手	面積
入荷・格納	①入荷物量・入荷台数	①入荷バース・入荷設備（コンベア）		①入荷面積算出
		入荷設備（HT）		
保管	②保管物量	自動倉庫：コンベア		②保管面積算出
		パレットラック、中量棚：フォークリフト		
ピッキング	③出庫物量（ケースとピース）	ピッキング設備（摘み取り方式、種蒔方式）		②保管場所と兼ねる
仕分	③出庫物量（ケースとピース）	仕分設備：ソータ（ケース、ピース）		③在庫ケース仕分の面積算出。在庫ピース仕分の面積算出 ・総量店別部門別仕分面積算出
		仕分設備：CMS, GAS, HT		
荷揃え	④出荷物量（店別部門別）	仕分設備が検品を兼ねる		④荷揃え面積算出
		荷揃え検品設備（HT）		
納品	⑤配送物量、配送台数	トラック		⑤トラック着床台数算出
空容器回収保管	⑥空容器数	パレット、オリコン、カゴ車		⑥空容器の保管面積
返品入出庫	⑦返品量	返品仕分設備		⑦返品の保管面積と作業面積
事務所	人数			事務所（休憩含む）面積
駐車場	⑧トラック台数, 乗用車台数	トラック		トラックの待機場と駐車場、従業員の駐車場
合計				（倉庫内延べ床面積） （敷地面積）

<表3-7-7>自動化設備の作業工程イメージ
前提条件：①商品は、ケースとピースとも個体識別できる。
②商品が、ケースとピースとも、サイズ、容積、重さと荷姿がある範囲で標準化されている。ケースはパレット(T11)に積み付ける。
③庫内のロケーションはエリアや設備によって適宜に設定される。
④配送コースが設定されると、庫内作業が開始される。

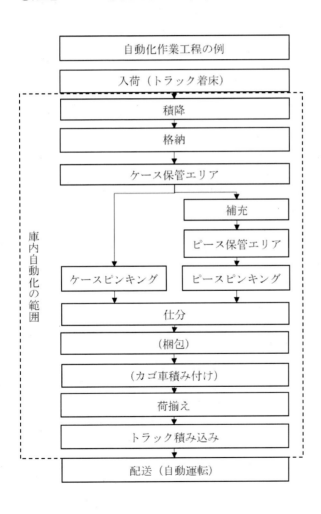

第8節　物流センターの建設・賃借

１．物流センターの建設

（１）土地や建物の条件
　物流センターの基本仕様が固まると、物流センターの建設、若しくは賃借の検討に入る。建設する立地候補や建設会社の選定を行う。
　自社が建設するのであれば、自社の事情や設備等の条件を加味して、土地の購入や建物の設計に入る。
　土地や建物を検討する要点としては、次の通りである。
①敷地条件：地形、方位、隣接道路
②建築条件：用途地域、建蔽率、容積率、緑地規制等があり、地方行政庁建築課が関係する。
・物流センターとして建設可能な用途地域は、通常、準工業地域、工業地域、工業専用地域、用途地域の指定なしである。
・建蔽率＝建物投影面積÷敷地面積
　　庇も投影面積に含む。
・容積率＝建物延床面積÷敷地面積
　　低床式は庇部分を延床面積に入れることが多い。
　　高床式は庇部分を延床面積に入れないことが多い。
・緑地規制は、敷地面積の20％をみる。
③駐車場：物流センターに出入りするトラックや、車通勤する従業員用の駐車場
④道路条件：道路幅、物流センターの入口と出口の位置
⑤法令遵守

第8節　物流センターの建設・賃借

　物流センターを建設若しくは賃借する時、法令遵守が求められる。特に、建築基準法と消防法は基本になる。
　敷地に関しては、地域・地区の概要、用途地域別建築制限、近隣に対する配慮等がある。
　建築に関する諸規則としては、建蔽率・容積率、中高層建築物日影規制、防火・準防火地域の規制、特殊建築物の構造規制等がある。

＜物流不動産関連法規一覧＞

法令	施行年
建築基準法	S25年～S56年改正
都市計画法	S43年
倉庫業法	S31年～H14年改正
建設業法	S24年
流通業務市街地の整備に関する法律	S41年
流通業務の総合化及び効率化、促進に関する法律（「物流総合効率化法」）	H17年/国交省、経産省、農水省
不動産特定共同事業法	H7年～H25年改正
港湾法	S25年
宅地建物取引業法	S27年
土地区画整理法	S29年
貨物自動車運送事業法	H元年
消防法	S23年/総務省
資産の流動化に関する法律（SPC法）投資信託及び投資法人に関する改正（改正投信法）	H12年/金融庁　S26年～H12年、H25年改正/金融庁
農地法	S27年/農水省
労働基準法	S22年/厚生労働省

<物流不動産に関する法的規制及び誘致優遇制度>

物流用地の主な法的規制	・市街化区域と市街化調整区域 　市街化調整区域内での物流効率化法（H17年）による開発適用条件 　市街化調整区域内での特別積合せ貨物運送による開発適用条件 ・港湾地域、特定港湾施設整備事業等 ・工場立地法（工業団地での緑化率等）、自動車ターミナル法、駐車場法、騒音規制法等
用地選択上の留意点と対策要素	・国土交通省／建設局と運輸局の行政区分の違い 　（地方自治体の行政区分も同様） ・地方行政毎の開発指導の違い 　　例：開発条件（用途、高さ、緑化等）、 　　　　物流効率化法の適用範囲、 　　　　物流施設誘導地区等 ・流通業務地区（卸売業、倉庫、トラックターミナル）等エリアによる規制条件 ・取扱貨物に関する規制調査 　　（公害規制、危険物、交通量規制、道路制限、時間制限等） ・近隣対策、学校等通学路対策、その他安全対策 　　（杭長、液状化等地盤条件、津波対策等）
施設誘致・建設に関する各種優遇制度、助成金制度事例	・物流拠点整備促進地区、固都税・事業所税等の減免、補助・助成金、融資制度等 ・事例：広島市、静岡県等の優遇制度、助成金制度、 　　国土交通省都市局市街地整備課：国際競争流通業務拠点整備事業等 　　国土交通省港湾局産業港湾課：港湾機能高度化施設整備事業 　　経済産業省：津波・原子力災害被災地雇用創出企業立地補助金、高度化融資等

(2) 物流センターの建築仕様

①建築仕様

　物流センターを建設する時に建設部位の基本となる仕様案を記載しておく。

建設部位	仕様案	建築仕様案
a. 床構造	構造床にする （土間床にはしない）	・耐荷重 1.5t/㎡以上。 　（荷物やラック等の固定された荷重と、フォーク等の移動する荷重の和） ・沈下がないこと。 ・防塵性を備えたクリンリネスな床にする。 　（シールハード等）

建設部位	仕様案	建築仕様案
b.建物の高さ	10m	・容積効率を最大限に活用する。 ・建物の高さによる建築費影響度は低い。 　例：高さ5mを倍の10mにすると建築費は9%アップする。 ・設備計画や将来の増設計画に有利になる。
c.柱の間隔	10m×28m	・柱の数を最小限にすると、設備計画や運営面で使い易くなる。なおかつ、柱が無いと8%有効面積が増える。
d.屋根・壁材	対候性鋼鈑	・適正な耐候性とコストパフォーマンスのある材料を選択する。 ・屋根断熱仕様を選択すると、電気代等のランニングコストが低減する。
e.作業環境		・作業エリアの適正な環境作りを図る。 ・休憩室やトイレ等の作業環境を整備する。

② 建設費の見直し案

a. 鉄骨量を構造解析して見直す。

　　安全基準以上の鉄骨を使っていないか。

b. 外装・内装の見直し

・外装材：材工費と保守費の合計が最小化するような材料を選定する。

・窓の配置：法的基準と作業性を考慮して、必要最小限の窓の配置にする。平屋にすると多層階建物よりも窓が減少する。

・内装材：法的基準を考慮した必要最小限の内装材を選択する。

・防火区画壁の軽減：防火区画壁を少なくする建築計画にする。

・塗装仕様：工場塗装方式を採用し、現地工事費を削減する。

c. 工期短縮

　　設計仕様や工法を見直して、工期を短縮する。

③建物メンテナンス

　建物のライフサイクルコストは、建物を設計、建設、竣工後の維持管理、解体処分迄の建物の生涯の総費用をいう。一般的には、維持管

理費は、建築費の数倍かかると言われている。
　維持管理費を適正にするには、長期保全計画を柱にして、予防保全を実施して行く。自社に建築要員がいない時は、信頼できる建設会社を選択することである。

(3) 建設会社の選定
　物流センターの基本仕様に基づき、建設会社に提案と見積書を求める。いずれかの建設会社に決めて、契約を締結する。
　併せて土地の購入も行う。定期借地もあり得る。

(4) 建設工期
　建設会社と契約の合意をすると、建設に向かって順次行う。
・建設会社とは、基本設計として物流センターの意匠や基本計画を打合せする。基本設計を図面にする。
・実施設計（詳細設計）でも、建屋及び関連する設備の図面及び建築スケジュールを作成する。あらかじめ建設する場所の地質調査や、物流センターの構造設計が必要である。
　関係する官公庁（建築課や消防署等）の協議及び確認をする。
・確認申請を行う。確認申請は1.5ヶ月から2ヶ月かかる。
・建設工事に掛かる。大きくは7つの工事がある。詳細は次頁を参照する。建設期間中、建設進捗等に関して施主と建設会社で会議を定期的に開催する。
・建設完了後は、建設会社の社内検査と施主検査を経て、建築確認完了検査及び消防検査の完了通知を得ることである。

第8節　物流センターの建設・賃借

<表 3-8-1>建築工程

工事概要		スケジュール（月数）											
		1	2	3	4	5	6	7	8	9	10	11	12
契約		■											
基本設計		■											
実施設計（詳細設計）			■										
確認申請				■									
1.仮設工事						■							
2.躯体工事	土・地業工事[1]					■							
	鉄筋工事						■						
	型枠・コンクリート工事							■					
3.鉄骨工事									■				
4.外装工事	屋根・樋工事									■			
	外壁工事									■			
5.仕上げ工事	塗装工事										■		
	左官工事										■		
	金属製建具工事										■		
	金属工事										■		
	硝子工事										■		
	内装工事										■		
6.外構工事	解体撤去工事				■								
	外構工事										■		
7.設備工事	電気設備工事										■		
	機械設備工事											■	
検査等	社内検査												■
	施主検査												■
	建築確認完了検査												■
	消防検査												■

注1.地業：地形とも書く。建物の柱や礎石を支える為に地盤に対して行う杭打ち・潜函（コンクリート製の箱）等の工事。

第3章　物流エンジニアリングの講義

2．物流センターの賃借

1）賃借する時に検討すること
　物流センター（物件）を賃借するのは、建設と同様に新規に物流センターを立ち上げるか、又は物流センターを移転する時である。
　移転計画を立案する時に考慮するのは、次の4点である。
(1)移転の目的
　移転の目的を明確にすることである。移転の目的になる理由として様々なことが考えられる。例えば、次の点がある。
・立地改善
・施設のグレードアップ
・分散型物流センターの統合、集中型物流センターの分散
・物量増加による増床、物量減少による縮小
・複数フロアのワンフロア化による効率化
・地震、水害、火災、停電等のリスク対応
・建屋の老朽化等による立ち退き要請
・賃料の削減
・自社物件から賃貸借物件による資産圧縮
・賃借から所有への切り替えで支払賃料の削減
(2)移転条件の設定
　移転目的を実現するには、移転条件のどれを優先すべきかの順位着けを明確にしておくことである。
・立地：配送効率、交通利便性、周辺環境
・面積：必要面積、将来の拡張性
・設備：更新する、廃棄する
・施設のグレード：見直し

・時期：物流事業計画との整合性
・予算：賃借コスト、移転コスト、ランニングコスト
・認可・免許：業務上不可欠な認可・免許の見直し
・手法：既存賃借、オーダーリース、購入等の選択
(3) 物流センターの現状
　賃貸借物件の物流センターは、契約形態、契約内容や使用状況がバラバラである為に、物件毎に一つ一つ確認することである。
a. 契約書の内容の確認が必要である。
・使用面積、利用状況、物量、稼働率、人員配置等
・取引先とのアクセス、周辺環境との関係等
・照明や空調等の庫内環境・作業条件、庫内動線、事務所での業務内容等
・物流設備の保有状況・機能や品質、庫内事務所等の造作物の状況、管理体制等
・主たる車両やそのサイズ、接車状況や駐車状況等
・コンプライアンス上の課題、各種法令・取得免許の再確認等
b. 解約予告は、借家契約の時、通常、3又は6か月前に書面で提出になる。ところが、物流センターの借家契約では途中解約に関する条文がなかったり、解約が不可であったりする。
c. 物流センターの原状回復の実施に当たっては、原契約の詳細なチェックが必要である。
(4) 移転スケジュール
　スケジュールの概略は、次の通りである。
物件探し→物件検討
→新物流センターの契約と現物流センターの解約予告
→引越

このスケジュールに次のことを重ねてみて、移転時期の目安を立てる。
・対象物流センターの繁忙期と閑散期のタイミング
・年度予算の決定時期

以上によって、「物件の決定時期」「解約予告を出すタイミング」の期限を明らかにする。

2）自社に適した倉庫を探す
(1)賃貸借物件の市場を把握する
　エリア毎の物流センターの需給バランスや賃料相場等の市場把握をする。
・希望エリアに賃貸借物件があるか
・新規開発の有無はあるか
・物件の売買市場の市況はどうか
・賃料相場のトレンドはどうか
・希望するエリアで予算は適合するか
・他エリアで代わりの物件はあるか

第8節　物流センターの建設・賃借

<参考：関東主要都県の物流施設賃料相場>

地域		ドライ倉庫 (円／坪)	地域		ドライ倉庫 (円／坪)
東京	湾岸	6,420〜7,730	千葉	湾岸	3,960〜5,180
	城東	4,740〜6,510		県北	3,450〜4,520
	城北	5,050〜6,710		県央	3,470〜4,190
	都下西	3,610〜4,720		空港	2,980〜3,650
	都下東	4,390〜5,660		県南	3,790〜4,920
神奈川	臨港	4,220〜5,920	埼玉	県東	3,230〜4,150
	横浜内陸	5,250〜6,760		県央	3,820〜4,730
	川崎内陸	4,830〜5,380		県北	2,780〜3,820
	横浜町田	3,620〜4,950		県西	3,230〜4,240
	県央	3,620〜4,830	注．イーソーコ．Comの物流施設物件データより100坪以上を抜粋、2015年9月現在		
	県南	3,600〜4,560			

(2) 賃貸借物流センターの情報を収集する

　賃借物件は、自社建設の物流センターとは違い、「帯に短し襷に長し」の事情が多々あり、改修することがある。

　その為に、候補になった賃借物件を具体的に調査する。調査事項は、次頁を参照する。

　物件によっては、改修すべき事案があるので、オーナーと交渉して契約した上で、改修に取り掛かることである。

第3章 物流エンジニアリングの講義

＜表 3-8-2＞物流センター建物賃借調査事項

物件名称		調査者	調査日
所有者		契約者	
住所		紹介者	
条件	調査事項	調査結果	詳細調査項目
共通	・物件資料準備 ・信用調査 ・事業所税の対象か	・敷地配置図、平面、立面、断面図、現地写真 ・所有者、契約者の信用調査実施	・契約敷地、建物範囲
法規制	・都市計画法上の地域・地区 ・陸運局による営業所申請可否	・市街化区域、市街化調整区域、他 ・工業専用、準工業、商業、近隣商業、準住居 ・市街化調整区域は基本的には許可されない	・建蔽率、容積率、用途変更、 ・開発行為、都市計画図 ・既存宅地、臨港地区 ・緑化、公害規制
立地	・物流センター位置 ・物流センター環境 ・周辺環境 ・最寄り駅までの距離 ・NTT基地局までの距離	・インターまでの距離＿km ・流通団地、工場団地、他 ・近隣に住宅地の有無（夜間・早朝）、他 ・＿駅＿km ・＿km	・活断層との位置、関係
賃貸借	・明け渡し時期 ・月額賃料 ・契約期間	・＿年＿月＿日 ・単価＿円/坪月、＿千円/月 ・＿年	・家賃発生月日 ・敷金 ・諸契約条件、対象範囲 ・改修工事項目、負担先
道路	・利用幹線道路 ・新入道路幅	・＿号線 ・＿m	・将来道路幅 ・交通渋滞状況
協定等	・運営時間、休日作業の規制	・協定先、規制内容	
敷地	・敷地面積 ・敷地現況 ・門 ・敷地内トラック（単車）回し ・敷地内駐車場	・＿坪 ・アスファルト、他 ・幅＿m、＿個所 ・可否 ・単車＿台、4t＿台、乗用車＿台	・地質ボーリングデータ ・単車走行軌跡 ・外部駐車場
建物	・構造 ・建築面積 ・延床面積 ・階数、建物有効高さ ・床、 　積載荷重 ・床面のひび割れ、凸凹 ・床面材質 ・照明設備状況 ・入出庫口の幅、高さ、箇所数 ・庇の幅、奥行き、箇所数 ・多層階時車両運行荷重制限 ・居室の有無とスペース ・便所	・鉄骨造、RC造、他 ・＿坪 ・＿坪 ・＿階数、 1階＿m、2階＿m、3階＿m ・高床＿m、低床、 　＿トン/㎡ ・有無 ・コンクリート、アスファルト、シールハード他 ・庫内、庇下、外灯 ・幅＿m、高さ＿m、＿箇所 ・幅＿m、奥行き＿m、＿箇所 ・＿トン車以内可 ・事務所＿坪、休憩室＿坪、会議室＿坪 ・男子大＿個、男子小＿個、女子＿個	・CPU耐震対策 ・結露発生の可能性 ・屋根断熱性能 ・床レベル ・受電容量、・照度測定 ・防消火設備 ・冷暖房 ・浄化槽、公共下水

第8節　物流センターの建設・賃借

条件	調査結果	調査結果	詳細調査項目
増築	・将来増設の可能性	・水平増築可否、中2階増築可否	・構造条件
昇降機	・エレベータ、リフター	・W×L×H、トン数、台数、能力＿/H	・停電、地震管制運転
雇用	パート雇用 パート平均賃金	・物流センター周辺からの雇用（容易・困難） ・＿円/時	
気象	・冬季の気象 ・その他	・積雪＿cm、(高度＿mによる) ・風向方位 ・降灰（有・無）	・過去の災害 ・凍結深度
その他	契約上の条件	・24時間365日稼動が可能か確認 ・敷地内24時間駐車が可能か確認 ・車庫証明取得の可否確認 ・駐車場料金の有無確認 ・官庁、近隣との協定事項と継承の有無確認 ・借庫物件の貸主修理責任範囲（雨漏れ、建具施錠、照明の不備等） ・借庫時の引渡し条件の範囲（片付け掃除、補修項目等）	必要改修工事項目： 床、居室、便所、庇、入出庫口、 昇降機 受変電、幹線、照明、 冷暖房、換気、 給排水、浄化槽、 機械警備、電話、 舗装、看板、門、塀、他
	運営上の条件	・専用バースと専用スペースの確定 ・車両、人の入出門の手続き確認	

(3) 物流センターを選定する

①移転スケジュール

スケジュール項目／月数	1,2	3,4	5,6	7,8	9,10	11,12
新物件の稼働時期を決定	■					
現物件の解約予告期間	■	■				
物流設備等の製作期間		■	■			
造作工事期間				■	■	
各種許認可の取得期間				■	■	
決算期、自社の稟議期間				■	■	
現物件から新物件に移転						■

②賃貸借物件のコストを見積る

・賃料＝賃料単価×契約面積（壁芯面積、内法面積、外壁含む）

・預託金（敷金・保証金）＝月額賃料×数か月

・契約諸費用：礼金・更新料・敷金償却等

・管理費：共用部分の保守管理費用

・造作工事費用：各種設備、庫内事務所等の造作費用

- 庫内労務費：庫内で働く従業員の人件費
- 配送費：候補となる物流センターより納品先までの配送費
- その他移転関連費用：引越費用、廃棄・リユース・リサイクル費用、原状回復費用、仲介手数料、その他の諸経費

3）賃貸借契約を結ぶ
(1)移転先のオーナーと契約を締結する
①入居申込書の提出
②重要事項の説明を受ける
③契約書の確認事項
- 契約形態：借家契約と定期借家契約のいずれか
- 契約面積：どこまでが契約面積か図面で確認する
- 賃料：通常、振込手数料は借主負担
- 敷金・保証金：敷金・保証金の返還額、及び返還時期の確認
- 原状回復：退去時、原則として貸室内を原状に復して返還する
- 解約予告期間：中途解約の特約条項が記載されているか
- 設備の所有権：空調機やキュービクル等の所有権を確認する

④契約書に押印
⑤預託金の支払い
(2)退去する施設の契約を解約する

4）移転手続きと業務のスタート
(1)移転や新設に係る事前相談・届け出・手続き
①事前相談
- 運輸局：一般貨物自動車運送業の申請
- 国土交通省：倉庫業登録申請

- 消防署：防火対象物使用開始届
- 港湾局：港湾労働法適用倉庫に関する事前協議
- 市・区役所：用途変更の必要性の確認、建築確認の申請
- その他の事前相談：東京都公害防止条例に基づく工場認可、薬事法の届け出

② 届け出
- 法務局：移転日から2週間以内
- 労働基準監督署：変更日の翌日から10日以内
- 公共職業安定所：変更のあった日の翌日から10日以内
- 税務署：「事業年度・納税地・その他の変更移動届出書」移転後遅滞なく提出。「給与支払事業所等の開設・移転・廃止届出書」
- 地方税務事務所「法人設立等届出書」又は「移動届出書」
- 社会保険事務所：移転から5日以内

③ 手続き
- 電話の移転手続き
- 郵便局への転送手続き
- 印刷物の表示変更
- その他

(2) 入居した施設で運用や維持管理を行う
① 安全管理：倉庫の安全管理システム作成
② 使用管理：倉庫や専有部分の入退規定、鍵の管理規定作成
③ 環境管理：設備の運転条件の設定、廃棄物の処理方法の設定
④ 資産管理：物流設備、備品、フォーク等の配置や数量の管理

注．2の項は、表3-8-2/物流センター建物賃借調査事項を除き、「物流拠点移転マニュアル」CBRE㈱作成『季刊オフィスジャパン2012春号』を参照。

第9節　物流エンジニアリング時の投資

１．投資とファイナンス

(1)ファイナンスの考え方
　投資をするのは何故だろうか。投資によって考えている価値（例：物流センター）が実現でき、生産性が向上して、利益が上がるからである。
　投資の基にあるのは、ファイナンス（金融）の考え方である。
①金銭には「時間的価値」がある。
　今日の1円は、明日の1円よりも価値があると考える。なぜならば、今日の1円は、銀行に預金すれば、金利を稼ぐことができる。
ところが、明日の1円は、今日の1円に比べて「不確実」である。
　従って、ファイナンスでは、手元にある100万円と、数年後に受け取る100万円とでは、その価値は違うと考える。
②ファイナンスでいう「現在価値(PV Present Value)」とは、将来受け取る金銭の今日時点での価値である。
③ファイナンスでは、将来の利息計算は、「複利」で計算する。
④「割引率」は、将来の価値を現在価値に置き換える数値をいう。ディスカウントレート、またはハードルレートともいう。
　リスクが高いほど、割引率(r)は高くなり、現在価値(PV)は小さくなる。

第9節　物流エンジニアリング時の投資

【現在価値の例題】

今の100万円は、預金金利が10%で複利の時、5年後にいくらになるか？

解答欄（○及び空欄の計算をする）

年	現在	1年	2年	3年	4年	5年
複利計算	100	100×1.1	110×1.1	○×1.1	○×1.1	○×1.1
計算結果	100	110				

注．1.1とは1＋預金金利10%，n年後の元利合計＝$100×(1+0.1)^n$

【解】今の100万円は、複利10%で計算すると、5年後に161万円になる。

年	現在	1	2	3	4	5
複利計算	100	100×1.1	110×1.1	121×1.1	133.1×1.1	148.41×1.1
計算結果	100	110	121	133.1	148.41	161.051

計算式：　　$100×(1+0.1)^5 = 161$

【例題】5年後(n)の161万円(C)は、今いくらか(PV)。割引率は10%(r)とする。

【解】5年後の161万円は、複利10%で計算すると、今の100万円である。

年	現在	1年後	2年後	3年後	4年後	5年後
複利計算	$161÷(1+0.1)^5$	$161÷(1+0.1)^4$	$161÷(1+0.1)^3$	$161÷(1+0.1)^2$	$161÷(1+0.1)^1$	$161÷(1+0.1)^0$
計算結果	100万円	110万円	121万円	133万円	146万円	161万円

計算式：　　$$100 = \frac{161}{(1+0.1)^5}$$

n年後に受け取る現金(C)の現在価値(PV)を求める計算式

$$PV = \frac{C}{(1+r)^n}$$

＜年10％で運用した場合の将来受け取る金銭の現在価値の解説図＞

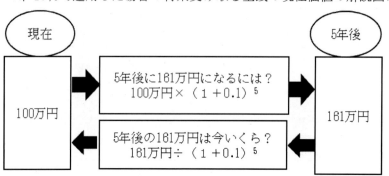

割引率が10％(r)で、5年後に161万円である時、現在価値(PV)は100万円である。5年後の161万円と、今日の現金100万円は、同じ価値になる。

(2) 投資評価の方法

時間的価値を考慮した投資には、次のような方法がある。
① 正味現在価値法（NPV、Net Present Value）
　正味現在価値法は、初期投資額と、投資により毎年生み出されるキャッシュフロー（利益）の現在価値の合計値を比較することで、投資を評価する。
② 内部収益法（IRR、Internal Rate of Return）
　内部収益法は、同程度のリスクを持つ投資案件の利回り（割引率）と、当該投資機会の投資利回り（割引率）を比較することにより、投

資を実行するかどうかを評価する。

　IRR の割引率は、初期投資額がキャッシュフローの現在価値の合計をゼロにする率をいい、エクセルの関数(IRR)を使って計算する。

　また、NPV と IRR の違いは次の点にある。

　前者は、投資額が企業価値に与える絶対額を計算できるのに対して、後者は、投資の効率性を計算でき、投資予算が限られている時に有効である。

③経済付加価値法（EVA、Economic Value Added）

　投資対象が利益を生むのか、そのための投資は回収できるかを理解する為に、経済付加価値法（EVA 法）を取り上げる。詳細は後述する。

　会計からのアプローチとして、次のような方法がある。

④会計的利益率法（ROI Return On Investment）

⑤回収期間法（ペイバック）

　いずれも、投資は、投資を回収するべき期間に回収されるべきだというわかりやすい考えに基づく。回収期間が直感的にわかる点では、優れている。

　キャッシュフローを現在価値に引き直していない点に課題がある。

2．EVA（経済付加価値法）

1）EVA(Economic Value Added)とは

　EVA は、企業の投資に伴う営業活動による税引き後営業利益から、調達資金にかかる資本コストを差し引いたものを、企業の真の利益（付加価値）とする。

　資本コストとは、企業が調達する時は、銀行からの借入や社債などがあり、金利がかかることを言う。また、株主に対しては、配当や株価上昇による利益等が求められることを言う。資本コスト負担の有無が、EVA に大きな影響を与える。

　EVA は、資本コスト支払い後に企業の付加価値を増大させ、ひいては株主価値を増加させるという考え方である。

（注．EVA は、米国スターン・スチュワート社の登録商標である。）

　　EVA＝税引き後営業利益－資本コスト

2）EVA の活用

(1)EVA による投資判断

　EVA は、新規投資や資産除却時の投資を評価するのに適切である。EVA は、営業利益の拡大と資産の圧縮が評価基準となる。

　つまり、投資案件が対象とするコストメリットを評価して、営業利益が上がるかどうかを判断する。

　投資判断として、EVA が少なくともゼロ以上、即ち、投下資本を回収できているかどうかを金額で判断する。

第9節　物流エンジニアリング時の投資

(2) EVA評価の要点

EVAは、下表の計算表に従って、算出する。

① コスト(減少費用C, 下表参照)は、いくら削減されるか。

　投資に伴うメリットがいくらかを金額で説明できることである。

② 投資に伴うコスト(増加費用G)は、いくら発生するか。

③ 税引き後営業利益(J)はいくらあるか。　⎫
④ 投資に伴う資本コスト(N)はいくらか。　⎬ ここが肝である。

⑤ EVAは黒字か(O, P)？

　EVAを現在価値で評価する(P)。

＜表3-9-1＞EVA計算表

EVA計算勘定科目		項目	計算式	1年目	略	n年目	合計
減少費用	投資による庫内費削減効果費用	A					
	設備廃棄による保全費削減額	B					
	計	C	C=A+B				
増加費用	減価償却費	D					
	修繕費・税・保険	E					
	略	F					
	計	G	G=D+E+F				
営業利益の増加？		H	H=C-G				
税金（実効税率42%とする）		I	I=H×42%				
税引後営業利益(NOPAT)の増加？		J	J=H-I				
投下資本	設備	K					
	設備廃棄による期首簿価(控除科目)	L					
	計	M	M=K+L				
資本コストの増加(資本コストは5%)？		N	N=M×5%				
EVAの増加？		O	O=J-N				
現在価値EVA（割引率は5%）		P	$P=O\div(1+r)^n$				

217

第3章 物流エンジニアリングの講義

<演習>
　物流センター(在庫型)をモデルにして自動化設備の投資額を予算化する。

モデル設定時の数値

①150千ケース保管

②年間稼働日数312日 (6日/週×52週)

③出荷金額187億円/年

　1日当り平均出荷金額60百万円 (187億円/年÷312日)

④1日当り平均出荷口数10,000口/日

　口数=ケース数+オリコン数(40ピース/オリコン)

　(5,000ケース/日+5,000オリコン/日)

⑤1口当り平均店舗納品金額6,000円/口

　(60百万円/日÷10,000口/日)

⑥パート等の時給1,300円/時

　社員は、マネジメントに関わっており、庫内作業や配送業務には直接関わらないので計上しない。

⑦設備等の減価償却費は、7年間で定額償却し、残存簿価はゼロ

⑧庫内作業に係る人時数と人数は、下表の通りとする。

項目		庫内						計
		入荷・検品	格納	補充	ケース出庫	ピース出庫	仕分・荷揃え	
日当り物量		15,000ケース	15,000ケース	10,000ケース	5,000ケース	200,000ピース	10,000口	
標準生産性		75c/h	200c/h	150c/h	70c/h	120c/h	400p/h	150口/h
人時(聞)		200台時	75人時	100人時	143人時	42人時	500人時	67人時	227人時
人数(8時間勤務とする)	40台	(15人)	(14人)	(20人)	(6人)	64人	(8人)	128人
		84人　(仕分・荷揃え8人含む)						
	納価算入	自動化の検討対象						

第9節 物流エンジニアリング時の投資

【設問1】

モデルの工程を自動化して、庫内作業員をゼロ化すると、
① 人件費節約額は、いくらか？
② 設備投資可能額は、いくらか？

作業工程		日当り物量	日当り人時	日当り人数	人件費節約額	設備投資可能額
ケース	入荷・検品	15,000ケース	人時	人	百万円/年	百万円
	格納	15,000ケース	人時			
	補充	10,000ケース	人時			
	出庫	5,000ケース	人時			
ピース	出庫	200,000ピース (5,000オリコン)	人時	人	百万円/年	百万円
仕分・荷揃		10,000口	人時	（ケースに含むものとする）		
計			927人時	128人	百万円/年	百万円

① 演習の表より、日当り人時と、ケース及びピースの日当り人数を転記する。
② 人時と人数は、合計値を照合する。
③ 人件費節約額は、時給1,300円から年額を算出する。

　人件費節約額＝1,300円×8時間/日×312日/年×人数

④ 設備投資は、人件費を節約できる工程を対象にする。

　設備は7年で償却するとして設備投資可能額を計算する。

　設備投資可能額＝人件費節約額×減価償却期間

【解答例】

作業工程		日当り物量	日当り人時	日当り人数	人件費節約額	設備投資可能額
ケース	入荷・検品	15,000ケース	75人時	64人	208百万円/年	1,454百万円
	格納	15,000ケース	100人時			
	補充	10,000ケース	143人時			
	出庫	5,000ケース	42人時			
ピース	出庫	200,000ピース (5,000オリコン)	500人時	64人	208百万円/年	1,454百万円
仕分・荷揃		10,000口	87人時	（ケースに含む）		
計			927人時	128人	416百万円/年	2,908百万円

【設問2】

EVAによってモデルの投資額を評価しなさい。

EVAが0以上の時に投資が可能である。この演習ではケース作業要員又は、ピース作業要員をゼロ化し、初年度よりEVAが黒字になる投資額を727百万円とする。減価償却費は104百万円とする。

(単位：百万円)

	EVA計算勘定科目	項目	計算式	1年	2年	3年	4年	5年	6年	7年	合計
減少費用	投資による庫内費削減効果費用	A									
		B									
	計	C	C=A+B								
増加費用	減価償却費	D									
	修繕費・税・保険	E									
	人件費	F		20	20	20	20	20	20	20	140
	計	G	G=D+E+F								
営業利益の増加		H	H=C-G								
税金（実効税率42%とする）		I	I=H×42%								
税引き後営業利益（NOPAT）の増加		J	J=H-I								
投下資本	設備（投資額727百万円）	K									
	計	L	L=K								
資本コストの増加		M	M=L×5%								
EVAの増加		N	N=J-M								
現在価値EVA（割引率5%とする）		O	O=N÷(1+r)ⁿ								

注1．減価償却費＝投資額727百万円÷7年

注2．修繕費・税・保険＝減価償却費の10％相当

注3．人件費はオペレーションエンジニア2人計上

注4．資本コストは、5％とする

第9節 物流エンジニアリング時の投資

【解答例】

EVA計算勘定科目		項目	1年目	2年目	3年目	4年目	5年目	6年目	7年目	合計
減少費用	庫内費削減効果費用	A	208	208	208	208	208	208	208	1,456
		B								
	計	C	208	208	208	208	208	208	208	1,456
増加費用	減価償却費	D	104	104	104	104	104	104	104	728
	修繕費・税・保険	E	10	10	10	10	10	10	10	70
	人件費	F	20	20	20	20	20	20	20	140
	計	G	134	134	134	134	134	134	134	938
営業利益の増加		H	74	74	74	74	74	74	74	518
税金（実効税率42%とする）		I	31	31	31	31	31	31	31	217
税引き後営業利益の増加		J	43	43	43	43	43	43	43	301
投下資本	設備（投資額727百万円）	K	623	519	415	311	207	103	0	
	計	L	623	519	415	311	207	103	0	
資本コストの増加		M	31	26	21	16	10	5	0	109
EVAの増加		N	12	17	22	27	33	38	43	192
現在価値EVA		O	11	15	19	22	26	28	31	152

第3章 物流エンジニアリングの講義

第10節　物流エンジニアリングのまとめ

　物流エンジニアリングの成否は、第1期の企画設計次第である。綿密な検討をすることである。

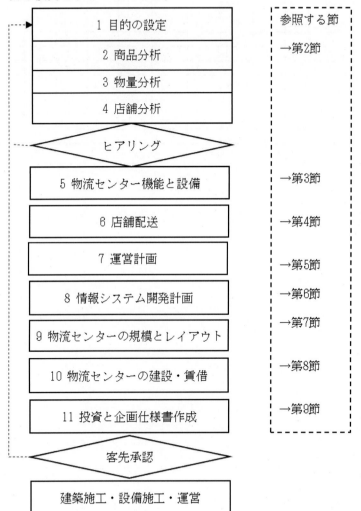

第10節 物流エンジニアリングのまとめ

　実行していく段階では、社内外の多くの関係先が同時に進捗していく。PMO(Project Management Officer)は、目的に向かって、チームのメンバーと組織をマネジメントすることである。

```
┌─────────────────────┐    ┌─────────────────────┐
│   自社運営組織発令    │    │  顧客との運営準備会議  │
└─────────────────────┘    └─────────────────────┘
┌─────────────────────────┐
│ 物流センターの建設又は賃借確定 │
└─────────────────────────┘
┌──────────────────────────┐
│ 設備仕様書によりメーカー選定    │
└──────────────────────────┘
            ┌──────────────────────────────────┐
            │ 物流センターに納入する取引先の確定（納入物 │
            │         量と入荷時刻）              │
            └──────────────────────────────────┘
            ┌──────────────────────────────────┐
            │   店舗配送計画確定と配送会社契約        │
            └──────────────────────────────────┘
                    ┌──────────────────────────┐
                    │    顧客の取引先説明会        │
                    └──────────────────────────┘
┌─────────────────┐
│   従業員採用     │
└─────────────────┘
┌─────────────────────────┐
│  運営マニュアルによる教育    │
└─────────────────────────┘
┌──────────────────────────────┐
│        設備工事と試運転          │
└──────────────────────────────┘
┌──────────────────────────────────┐
│   運営計画とエンジニアリングによる        │
│        総合システムテスト             │
└──────────────────────────────────┘
┌──────────────────────────────────┐
│             運営稼働                │
└──────────────────────────────────┘
┌──────────────────────────────────┐
│            評価フォロー              │
└──────────────────────────────────┘
```

第3章の参考文献

1. 『物流管理ハンドブック 在庫管理，物流 ABC からグローバル・ロジスティクスまで』湯浅和夫編著、2003 年 7 月 2 日、PHP 研究所
2. 『ビジネス・キャリア検定試験標準テキスト ロジスティクス管理 3 級』中央職業能力開発協会編著、平成 29 年 4 月 27 日、中央職業能力開発協会
3. 『ビジネス・キャリア検定試験標準テキスト ロジスティクス管理 2 級』中央職業能力開発協会編著、平成 19 年 12 月 28 日、中央職業能力開発協会
4. 『ビジネス・キャリア検定試験標準テキスト ロジスティクス・オペレーション 3 級』中央職業能力開発協会編著、平成 29 年 4 月 27 日、中央職業能力開発協会
5. 『ビジネス・キャリア検定試験標準テキスト ロジスティクス・オペレーション 2 級』中央職業能力開発協会編著、平成 29 年 5 月 1 日、中央職業能力開発協会
6. 『MH ジャーナル 7/2019 第 283 号』2019 年 7 月 20 日、日本マテリアル・ハンドリング(MH)協会
7. 『MH ジャーナル 10/2011 第 267 号(記念号)』平成 23 年 10 月、日本マテリアル・ハンドリング(MH)協会
8. 『資料シリーズ No.60 物流運搬（マテリアル・ハンドリング）設備製造業における「職業能力体系」の整備等に関する調査研究』2015 年 3 月、独立行政法人高齢・障害・求職者雇用支援機構、職業開発総合大学校、基盤整備センター
9. 『物流・情報機器システム産業名鑑 2016 年版』2015 年 9 月 28 日、㈱流通研究社

10. 『物流 IT ソリューション ハンドブック改訂版』2015 年 4 月 22 日、㈱流通研究社
11. 『物流機器・機材の基礎知識』泉田道夫編著、2009 年 5 月 27 日、㈱流通研究社
12. 『物流のすべて』平成 26 年 11 月 25 日、輸送経済新聞社
13. 『物流効率化大事典』物流効率化大事典編集委員会、1996 年 9 月 1 日、株式会社産業調査会事典出版センター
14. 『最新物流ハンドブック』株式会社日通総合研究所、1991 年 4 月 6 日、白桃書房

著者プロフィール

尾田 寛仁 （おだ ひろひと）

1948年山口県生まれ
1971年九州大学法学部卒業
1978年九州大学経済学部会計学研究生修了
1971年～1976年日本NCR㈱。プログラム作成、営業システムエンジニアを担当
1978年～2006年花王㈱

販売(18年間)：販売職、販売TCR担当部長、東北地区統括、兼東北花王販売㈱社長
物流(9年間)：ロジスティクス部門開発グループ部長。物流設備と物流システム開発部門を担当。物流自動化設備対策と在庫拠点の集約を図る。小売業の物流合理化の為に、花王システム物流㈱を1996年に設立。副社長、社長に就任
経営監査(1年半)：経営監査室長。内部統制を構築する
公認内部監査人(CIA)の資格を2006年に取得(IIA認定国際資格、認定番号59760)
金融庁企業会計審議会内部統制部会作業部会の委員(2005年9月～2006年9月)
2006年～2014年中央物産㈱
専務取締役。物流本部長、管理本部長及び営業本部長を順次担当
2015年物流システムマネジメント研究所を設立
2015年日本卸売学会理事に就任
2016年日本マテリアル・ハンドリング(MH)協会理事に就任

著書：
『製配販サプライチェーンにおける物流革新　企画・設計・開発のエンジニアリングと運営ノウハウ』三恵社2015年2月、『経営実務で考えたマネジメントとリーダーシップの基本』三恵社2015年4月、『物流エンジニアリングの温故知新』三恵社2015年12月、『卸売業の経営戦略課題』三恵社2016年6月、『仮想共配プロジェクト　卸売経営戦略と共配物流の事業化』三恵社2017年6月、『物流自動化設備入門』三恵社2017年12月、『卸売業の経営戦略展開』三恵社2018年6月、『商談技術入門』三恵社2019年2月

Eメール：hirohitooda@yahoo.co.jp
携帯電話：090-5396-2955

物流エンジニアリング入門

2019年12月25日　初版発行
2021年 4月12日　第二刷発行

著　者　　尾田　寛仁

発行所　　株式会社　　三恵社
〒462-0056　愛知県名古屋市北区中丸町2-24-1
TEL 052(915)5211
FAX 052(915)5019
URL http://www.sankeisha.com

乱丁・落丁の場合はお取替えいたします。　　©2019 Hirohito Oda
ISBN978-4-86693-165-4